民法のはなし

山川一陽・堀野裕子

国際書院

Introduciton to Civil Law
by
Kazuhiro Yamakawa
Hiroko Horino
Copyright © 2019 by Kazuhiro Yamakawa
ISBN978-4-87791-297-0 C1032 Printed in Japan

初めて民法を勉強しようとする方へ

　これから民法の勉強を始めようとする方が、これを楽しく学んでいきたいという気持ちをもたれるのはよく理解できます。しかし、その楽しいという意味が問題です。民法の書物を読みながら、まるで小説でも読んでいるような楽しさを味わいたいとか、もっと極端な言い方をすれば、漫画でも楽しむような気分でということであるとすれば、そのような希望は論外だといわざるをえないでしょう。
　なるほど、初めて民法の勉強をするのはたいへんなことです。民法の勉強というのは皆さんが今までにしてきた勉強とは相当異質なものですから、違和感があるでしょう。私だって勉強を始めたときはそうでした。最初に勉強した民法総則の基本書を読んでいっても、まるで森の中にまよいこんだような気分でした。どの木も同じように見えるものですから、どこをどう歩いたらいいのか、あるいは自分がどこを歩いているのかさえわからないというような状態であったと記憶しています。勉強の初めはそんなものです。
　やはり勉強が楽しいというのは、勉強をしながら、勉強の成果が着実にあがっていることが感じ取れるようなときということになりましょうから、ここでは、そんな観点から、初めて民法を勉強する皆さんにとって能率のいい勉強ということを考えながら、多少のアドバイスをしてみることとしたいと思います。
　最初に民法の本を読んで、まるでいつも同じページを読み続けているのではないかというような錯覚さえ受けたというのが私の実感でした。砂を噛むような勉強という感じでしたけれども、今にして思えば、民法というものの仕組みや民法の全体像というものがどうなっているのかを理解せず、いきなり民法総則の本にとりついたりしたからこんなことになったような気がします。やはり初めての道を歩くのだって大まかな地図というものが必要でしょう。

民法総則の勉強を始めるについても、まず、大まかでもいいですから民法の全体の構造がどうなっているのかを理解し、民法総則というのはその中でどのような役割を果たしているのかを理解しておくことが必要となります。そして、本を読みながら、今、自分は民法全体の中のどこを歩いているのかというようにときどき考えてみることです。
　この民法全体の地図にあたるものをどうやって手に入れるかですが、民法の条文の全体をじっくり眺めて考えてみるのもいいでしょう。しかし、初学者にとっては、これだけでは無理でしょう。そうなるとやはり、民法全体について概説した本を読んでみておくことです。また、授業の最初にも多くの先生方がそういう鳥瞰図を示すような話をしてくださると思うのです。授業というのはばかにならないものです。
　条文が難しくてたいへんだという心配をされるのも理解することができます。でもだんだん慣れてきます。沢山ある条文を記憶する必要があるのかという点は、次のように考えれば気が重くならなくてすむでしょう。つまり、私たちの勉強はとりあえず、この条文の解釈ということになります。基本書といってもたかだか条文の解説書にすぎません。そうなるとやはり条文は大切ということになります。できれば記憶したほうがいいでしょう。でも、最初から記憶してやろうなんて考えると、ノイローゼになってしまいます。むだな努力でしょう。それよりも、本を読んでいて条文が引用されている箇所に来たら面倒がらずに六法をめくるということが大切です。そうしているうちに、だいじな条文については自然と記憶に残ってきます。そう心配することはありません。また、六法は勉強に際して手もとに置くことができます。正確な条文が何条にあるかまでわからなくても、開いてみればいいわけです。どのあたりにあるかがわかるくらいだっていいんです。ともかく、そのような態度で勉強をしているうちに、主要な条文については自然と記憶できます。
　ついでに言っておきますと、この六法というのは、民法の勉強に際して絶対に必要なものです。必ず手もとにおいてまめに引くことが要求されます。どこの出版社のものでもけっこうですが、やはり、定評のあるものとして有

斐閣の「ポケット六法」や三省堂の「デイリー六法」や「模範小六法」などが便利でしょう。最後のものは、各条文に関連する判例の要旨が登載されており便利です（有斐閣の「判例六法」も同様です）。どれでもそれほど変わりがありませんから、自分でこれを手に取ってみて、感じがいいものを選択されるといいでしょう。これからの勉強生活の伴侶ともなるものです。自分が知っている条文であっても、そのつど引いておくことです。皆さんが高校生のころ英語を勉強した際に英語の辞書をまめに引いたように、六法というものはまめに使うことです。

　どの本を読んだらいいのかというのも、けっこう考えこませるものかもしれません。この点についてはやはり、自分が講義を聴講している先生が指定された教科書が第一です。その先生が執筆されているものであればなおいいでしょう。指定された教科書がよほどおかしいような本でなかったらこれで十分です。最初のうちですから、なまじ難しい本にとりついたりしないほうがいいと思います。

　授業にはきちんと出てください。ただ漠然と出ているだけではいけません。その時間に講義されるところは、事前にわかっているのですから、少なくとも教科書は読んでおきなさい。そして、授業中に大ざっぱなノートをとり、これをその日のうちに整理してみるのです。そうすると、うまく整理できないところが出てきます。授業で十分に理解できていなかったところが、えてしてそうなります。教科書で調べ、それでもよくわからないようなところは、次回の授業の終わりに直接先生にきいてノートを完結することです。先生は、学生からいろいろときかれることについては、いやがることはないはずです。「研究室においで」と言ってくださったり、喫茶店に誘ってくださるかもしれません。なるべく、大学の先生と直接に接しておくこともいいことです。

　具体的なノートのとり方ですが、決まりきったものがあるわけではありません。各人が工夫することです。でも一つの方法を示せば、次のような方法はどうでしょうか。まず、講義には休まずに出て継続したノートとすること。ノートは原則として、講義中には粗っぽい梗概程度のものにとどめ、きれい

に書くなどという必要はありません。ノートの左側半分をゆったりと使い、字も大きく、要点のみをとっていきます。余白が残るくらいでいいです。ノートをとることに夢中になって講義に身が入らないようでは困りますから、いろいろな略語や記号などを自分なりに決めておき、ノートをとる作業が講義を聴くについて邪魔にならない程度とすることです。

　問題は、これを授業後に整理することです。ここにこそ各人の工夫や努力が成果をあげる余地があります。余白とされていた右半分を活用することです。いろいろと工夫をしてみて下さい。

　自分なりの充実したノートができあがっていくのも、民法勉強の楽しみの一つとなります。自分で調べた本や判例などのコピーを貼り付けたりしてもいいでしょう。このようにして完成したノートというものは、のちのちの勉強に際してもかけがえのない資料となるものです。

　勉強の進行に応じて、友人と議論してみるのもいいでしょう。この場合は、必ず、相当に実力がある先輩や、できれば先生などに議論に加わってもらうことです。初学者同士ですと、どうしても弁の立つ人の言うことが通ってしまい、むしろ勉強を誤った方向に導いてしまいます。このようなことを十分に注意すれば勉強仲間との議論というのは楽しいし、また相当に実力をつけてくれるはずです。

　私が勉強を始めたときには、まず我妻栄先生の民法講義シリーズの民法総則にとりついたものでした。まるで古文を読んでいるような気がしました。現在の本はそれほどでもありません。でも、やはり難しい言葉が出てきます。手近に国語辞典を置きながら勉強するということも必要かもしれません。また、法律学辞典なども手近に置きたいところです。これも六法と同様にまめに引くことです。

　最初に民法を勉強するためのアドバイスをしてきましたが、技術的なことばかりお話ししてきました。そこで、多少難しそうなことを言っておきましょう。

　さきほどは、当面の勉強は民法の条文に書かれているところを解説した基

本書を読んでいくことだと言いました。しかし、少し勉強が進んだら、次のようなことも考えてみてください。要するに条文に書かれているところは必ずしも絶対のものではないということです。条文は重要ですけれども、それぞれの条文は、ある意味で歴史的な所産という側面をもっています。現在ある条文についても、そういう側面を考慮せずに勉強すると、どうしようもない石頭ができあがってしまうかもしれません。ある条文がもつ歴史的な意味とか、その条文ができあがってきた時代の歴史的な背景などについてまでさかのぼって勉強することができるようにまでなれば、民法の勉強が楽しくなってくるといっていいでしょう。

　どうも、一方的な話になって恐縮ですが、やはり民法の勉強を始めた当座は、そうそう楽しくばかり勉強はできません。やはり、多少の楽しさが感じられるまでには相当の辛抱が要ります。しばらくは、頑張ってみることです。また機会をみて、勉強の進行状況に応じてアドバイスしていくことにしましょう。

　　　2019年1月1日

　　　　　　　　　　　　　　　　　　　　　　　　　　　　著　者

山川一陽・堀野裕子『民法のはなし』

目　　　次

はじめに ………………………………………………………………… 3

第Ⅰ篇　民法とはどのような法律なのか

第1章　民法とはどのような法律なのか …………………… 18
　　1　民法典はどのような構成となっているか　19
　　2　民法というのは何を見ればわかるのか　20
　　3　民法と刑法との関係はどうか　21
　　4　民法と商法との関係はどうか　22
　　5　民法と訴訟法との関係はどうか　23

第2章　民法の基本原理とは何か ……………………………… 24
　　——財産法と身分法——
　　　所有権の絶対性と権利の濫用について【事例】　26

第3章　民法上の権利の主体となる者 ………………………… 30
　　——権利を持つ者、義務を負担する者——
　　1　権利能力と行為能力　30
　　　(1)　権利能力を有する者——その1　自然人　30
　　　(2)　胎児の権利能力【事例】　32
　　　(3)　失踪宣告【事例】　34
　　　(4)　同時死亡の推定【事例】　37
　　2　権利能力を有する者——その2　法人【事例】　39
　　　(1)　公法人と私法人　40
　　　(2)　社団法人と財団法人　40
　　　(3)　法人の登記　41
　　　(4)　一般法人と公益法人　41

9

　　　　(5) 法人の機関　42
　　　　(6) 法人の権利能力　43
　　　　(7) 法人の行為能力と不法行為能力　43
　　　　(8) 法人の消滅　44
　　3　行為能力と制限行為能力者制度【事例】　45
　　　　制限行為能力者制度　46
　　　　〔未成年者〕　46
　　　　〔成年被後見人〕　49
　　　　〔被保佐人〕　50
　　　　〔被補助人〕　51
　　　　〔制限行為能力者と後見登記など〕　52
　　　　〔日常生活行為と制限行為能力者〕　52
　　4　制限行為能力者の相手方の保護【事例】　53

第Ⅱ篇　物の得喪

第1章　民法上の権利の主体【事例】……56
　　　動産と不動産（特定物・不特定物、主物・従物、元物・果実）　57
第2章　売買と目的物の所有権の移転【事例】……59
第3章　不動産取引と登記……61
　　　――登記の仕組み――【事例】
　　1　不動産取引における登記の機能　61
　　2　登記制度概説　66
　　　　(1) 登記簿の構造【事例】　67
　　　　(2) 登記手続と権利証【事例】　68
　　　　(3) 仮登記【事例】　81
第4章　道産取引と占有……83
　　　――即時取得制度――【事例】
　　1　動産と取引――不動産の場合と比較して――　83

　　　　2　引き渡しの方法　85

　　　　3　即時取得制度　87

　　　　4　盗品と遺失物の例外　89

　第5章　時効制度 …………………………………………90

　　　　1　取得時効制度【事例】　92

　　　　2　消滅時効制度【事例】　93

　　　　3　時効の遡及効と時効の援用など　96

　　　　4　消滅時効の完成を阻止する事由……. 完成猶予と更新　97

第Ⅲ編　契　　約

　第Ⅰ章　契約とは何か ……………………………………… 102

　　　　1　契約自由の原則　103

　　　　2　契約の分類はどのようにされているか　105

　第2章　契約の成立 ………………………………………… 107

　　　　1　代理人による契約【事例】　108

　　　　2　表見代理制度【事例】　112

　　　　3　狭義の無権代理　115

　第3章　契約の効力 ………………………………………… 117

　　　　1　契約と公序良俗【事例】　117

　　　　2　通謀虚偽表示と錯誤【事例】　119

　　　　　（1）　単独虚偽表示（心裡留保）　120

　　　　　（2）　通謀虚偽表示　120

　　　　　（3）　錯誤　123

　　　　3　詐欺による意思表示と強迫による意思表示【事例】　125

　　　　　（1）　詐欺による契約　127

　　　　　（2）　強迫による契約　130

　第4章　契約の解除【事例】 ……………………………… 132

　　　　　その意義と要件　132

第5章　定型約款について【事例】……………………… 137
　　1　普通取引約款の意義　137
　　2　「定型約款」とは何か　138
　　3　「定型約款」に対する規制　138
　　4　「定型約款」の変更の際に気をつけなければならないこと　139
第6章　売買契約【事例】……………………………………… 140
　　1　一番契約らしい契約といえば　140
　　2　手付　141
　　3　売買契約の効果として　142
第7章　不動産の賃貸借 …………………………………… 144
　　1　賃貸借の期間【事例】　145
　　　（1）借地権の期間　145
　　　（2）借地権と更新　146
　　　（3）新しい類型の借地権　147
　　　（4）借家権の場合　148
　　　（5）新しい類型の借家権　149
　　2　その他の問題点　149
　　3　敷金【事例】　152
　　4　権利金【事例】　152

第Ⅳ編　損害賠償制度について

第Ⅰ章　債務不履行による損害賠償【事例】………………… 156
　　1　履行遅滞　158
　　2　履行不能　159
　　3　不完全履行　160
　　4　債務者の責に帰すべき事由　160
　　5　過失とは何か　161
　　6　損害とは何か　166

7　損害賠償をすべき範囲はどうなるか　166
        8　損害賠償の方法　167
        9　損害賠償の範囲についての例外　168
            (1)　損害賠償額の予定　168
            (2)　過失相殺・損益相殺　169
            (3)　例外としての金銭債務　169
　第2章　不法行為による損害賠償制度【事例】 ………………… 171
        1　不法行為の成立要件　171
            (1)　権利侵害──違法性　171
            (2)　違法性阻却事由　172
            (3)　損害の発生　173
            (4)　故意・過失　174
        2　過失責任と無過失責任　174
            (1)　危険責任の考え方　176
            (2)　原因責任の考え方　176
            (3)　報償責任の考え方　176
        3　責任能力　178
        4　損害賠償請求者　179
        5　損害賠償請求権の時効【事例】　179
            (1)　責任無能力者を監督する者の責任　180
            (2)　使用者責任　182
            (3)　土地工作物の瑕疵に対する責任　183
            (4)　動物の占有者の責任　185
            (5)　共同不法行為　185

第Ⅴ編　権利の実現と救済
　　　　──権利の実現はどのように図られるか──

　第1章　現実的履行の強制【事例】 ……………………………… 188

第2章　債権者代位権と債権者取消権【事例】 ………………… 193
　　　1　債権者代位権　194
　　　2　債権者取消権　195
第3章　債務の履行と担保制度 ……………………………………… 197
　　　——物的担保制度と人的担保制度——【事例】
　　　1　質権　198
　　　2　抵当権　199
　　　　(1)　不可分性　201
　　　　(2)　物上代位性　202
　　　　(3)　付従性　203
　　　3　担保と連帯保証　204
　　　4　売渡担保と譲渡担保　207
　　　5　相殺について　209
　　　　(1)　相殺の意義　209
　　　　(2)　相殺の要件　210
　　　　(3)　相殺の効果　210
　　　6　身元保証制度　211
　　　　(1)　身元保証の意義　211
　　　　(2)　「身元保証ニ関スル法律」による規制　212
第4章　債務の弁済 …………………………………………………… 214
　　　——無権利者に対する弁済と弁済者の救済——
　　　1　弁済の機能　214
　　　2　弁済したことの証明手段　214
　　　3　受取証書の機能と債権証書の機能　215
　　　4　無権利者への弁済が保護を受ける場合について　215
　　　　(1)　受領権者としての外観を有する者に対する弁済　216
　　　　(2)　預金者保護法の制定による準占有者に対する弁済規定の修正　216

　　　　（3）　受取証書の持参人に対する弁済　oo

第Ⅵ編　親族法・相続法

　第 1 章　家族法の特色 ……………………………………… 220
　第 2 章　「親族」とは何か ………………………………… 222
　　　　1　家族関係と公示　224
　　　　　（1）　戸籍は日本国民の証明　224
　　　　　（2）　戸籍の基本構造　224
　　　　2　戸籍と住民基本台帳　228
　　　　3　家事事件とその処遇　229
　　　　4　親族関係はどのような場合に発生するのか　231
　　　　5　親族関係はどのような場合に終了するのか　231
　　　　6　親族ということにはどのような効果があるのか　233
　第 3 章　婚姻 ………………………………………………… 235
　　　　1　婚姻の効果【事例】　236
　　　　2　内縁の夫婦とはどのようなものか【事例】　237
　　　　3　離婚制度　239
　　　　4　離婚の種類と方法【事例】　239
　　　　　（1）　協議離婚について　240
　　　　　（2）　判決離婚について　240
　　　　　（3）　調停離婚と審判離婚　243
　　　　5　離婚の効果　244
　　　　　（1）　身分上の効果　244
　　　　　（2）　財産上の効果　245
　第 4 章　親子 ………………………………………………… 247
　　　　1　実親子関係【事例】　248
　　　　　（1）　嫡出子　248
　　　　　（2）　非嫡出子　251

        2　養親子関係【事例】　253
            (1)　普通養子制度　253
            (2)　特別養子制度　256

第5章　扶養の権利・義務 …………………………………………… 258
        1　夫婦間の扶養と未成熟子の扶養【事例】　259
        2　扶養義務を負担するのはだれか【事例】　260
        3　扶養の方法とその程度【事例】　260
        4　扶養の当事者が多数いる場合にはどう処理するのか【事例】　261

第6章　相続制度について ………………………………………… 263
        1　どうして相続は起こるのか　264
        2　相続人・相続順位・相続分【事例】　264
        3　配偶者居住権の保護　266
        4　寄与分など　267
        5　相続の効果の遺産分割　269
        6　相続の放棄と承認【事例】　271
            (1)　相続の放棄　272
            (2)　限定承認　272
            (3)　単純承認　273
        7　遺言とは、どのような制度でどのように運営されているか【事例】　274
        8　遺言をすることができる能力【事例】　274
        9　遺言はどのような方法でするのか【事例】　275
        10　一度した遺言をとりやめることができないか【事例】　280

第Ⅰ編 民法とはどのような法律なのか

第1章　民法とはどのような法律なのか

　民法を学ぶに先立って、民法とはどのような法律であるかについてふれておきましょう。
　民法は、私たちの生活関係を規律する法律であるといっていいでしょう。しかし、ひと口に「生活関係」とはいっても、例えば、財産をもったり、これを売却したり、結婚をして夫婦となったり、財産を相続したりというような純粋に個人としての生活関係もあれば、税金を納めたり、国家の刑罰権に服したりするような、いわば国民としての生活関係とがあるといえましょう。
　前者の生活関係を「私的生活関係」といい、後者の生活関係を「公的生活関係」といいます。これらの生活関係のうち法的意味のあるものを法律関係ということができます。民法の対象とされるのは前者の「私的法律関係」ということになります。
　「私的法律関係」には、いわゆる「財産的法律関係」と「身分的法律関係」とがあります。民法は、私たちの生活関係についての財産的側面と身分的側面とについて、あわせて規律する法律です。
　財産的法律関係とは、私たちが物を購入したり、土地や建物を賃借したり、人を雇ったり、あるいは、他人に損害を加えたりした場合に、売買代金や賃借料を支払い、賃金を払い、あるいは損害の賠償をしたりするような関係であり、身分的法律関係においては、親子間においてはどのような法律関係があるのか、夫婦や兄弟姉妹の間における法律関係、あるいは一定の者が死亡した場合、この者と一定の親族関係にある者が死亡者の財産を承継する相続という法律関係や、遺言という方法で死亡者が自己財産の死後における処分をすることができる法律関係や、この場合における相続人に残された権利としての遺留分などの法律関係などが問題となります。

1　民法典はどのような構成となっているのか

　民法の規律する法律関係について民法典（六法全書に書いてある『民法』の条文）は、その全体を民法総則・物権・債権・親族・相続の五編に分類しております。このうちの民法総則は、民法全体に通じる原則（共通ルール）とされ、そこでは権利の本質、権利義務の主体、権利の客体となる典型的な存在としての「物」、権利の得喪原因となる法律行為、時の経過による権利の得喪原因となる時効などの問題点について規定しています。

　物権編と債権編においては、民法が認めている財産について「物権」と「債権」とに二大別し、この二大分類に従って財産関係を規律しています。すなわち、その「物権」とは、物を直接・排他的に支配する権利であり、「債権」とは一定の人（債権者）が一定の者（債務者）に対して一定の行為（給付）を請求する権利ということができます。物権編においては、財貨の支配・利用をする関係である所有権とか抵当権というような権利を扱い、債権編においては、債権者が債務者に対して一定の経済上の利益がある行為をしてくれるように要求する権利を内容とする賃金債権とか、損害賠償債権とかについて規定します。

　親族編と相続編は、身分法あるいは家族法と呼ばれ、親族編は、前述のような身分関係の成立や内容について、相続編は、被相続人の死亡の際に、相続ということを原因として生ずる被相続人と一定の身分関係者への相続財産の移転や遺言などの問題について規定しています。

　以上に説明したのは民法典に規定される事項ですが、民法というのは民法典に規定されているものだけではないのであって、借地・借家法とか、消費者保護法とか、貸金業法や利息制限法などといった民事特別法（「特別法は一般法に優先する」という法適用上の原則に注意が必要となる）、あるいは慣習法・判例法・条理などが民法の法源として存在していることは、次に説明するとおりです。

2　民法というのは何を見ればわかるのか

　民法典を見ているだけでは、その全体やその実質はよくわかりません。民法の具体的な内容を規律するのは民法典だけではないからです。ここで『民法』という言葉は、民法典のみにとどまらず、個々のことがらについて特別の定めをする特別法である前記の借地・借家法とか貸金業法などといった民事特別法や、慣習法・判例法・条理などといった存在を含めて理解されるものです。
　もちろん、民法が何かということは、民法典を見ることによってかなりはっきりします。しかし、現在では民法について規定する特別法の領域は相当に広く、多数にのぼっているし、しかも重要であるといえましょう。この特別法には二つの類型がありその一つは民法典を補充する性格を有するもので不動産登記法や戸籍法などのように、民法典で規定している権利関係を実現するための登記の申請や戸籍の届出の手続を規定するものであり、もう一つは、何らかの理由によって民法の定めている内容の変更や修正をしようとする性格を有しているもので、借地・借家法とか利息制限法などがこれに該当します。したがって民法典だけを見ていて、これらの特別法を無視すると、思わぬまちがいを起こしかねません。
　特別法ばかりでなく、慣習法や判例法も考慮しなければなりません。例えば、田畑を流れる水ひとつとってみても、これについては特に法律によって規定されていないまでも、地方慣習などによって取り扱いのルールが確立しており、これに反する行動をとる者には強い非難が加えられたりするような条件下にあれば、そのような慣習も場合によっては民法の法源となる余地があります。また民法典で明白に規定されていないような事項であっても、裁判がくり返して同様の判断をしているような場合は、その裁判が一つのルールをつくり出し、判例ということになるわけです。したがって、民法というものは、単に六法全書を見ていればわかるというものではないのです。また、

そのような慣習とか判例などがない場合であっても、裁判が提起された場合には、裁判所としては判断しないことはできませんから、裁判官が最後のよりどころとするものがあります。これが「条理」といわれるものです。これもある意味で民法の法源となります。これは簡単にいえば、ものの道理とか社会通念などといって表現されるものといっていいでしょう。

ここで、民法を理解するために、他の法律との関係について考えておきましょう。

3　民法と刑法との関係はどうか

いかにも法律らしい法律というと、刑法が頭に浮かんでくるのが普通でしょう。そこで、民法を理解する手段として、刑法と民法を比較してみましょう。

刑法は、どのような行為がされた場合に犯罪を構成し、どのような刑罰が科せられるかについて規定している法律といえます（罪刑法定主義）。それは、行為者の犯罪的な悪性を追及し道義的な責任を問うことによって再犯を防止し（刑法の特別予防の効力）、これと同時に、行為者以外の一般人に対しても刑法の実効性を及ぼして、犯罪の防止を図るものです（刑法の一般予防の効力）。

刑法が扱うのは犯罪行為ですから、これと民法が接点をもつのは不法行為などの損害賠償の領域ということになります。民法の場合、例えば、民事責任は、発生した損害をだれに負担させるのが合理的かという損害塡補（損害のうめあわせをすること）を主として考えますから、いかに悪い行為であるとしても、損害の発生がなければ、これを問題とする余地がないことになります。犯罪行為の予備とか未遂などは、刑法では問題となりますが民法上では問題とならないのです。刑法においては、故意による犯罪と過失による犯罪とを別個の責任形式として規定しており、その効果においても相当異なっております。しかし、民法においては、それは原則として同価値と評価され

第1章　民法とはどのような法律なのか　21

ます。

　民法の制度目的と刑法のそれとの関係から、両法律において同一の用語が使用されるような場合も、その具体的な内容においては相当な違いがあることが少なくありませんし（例えば「正当防衛」とか「緊急避難」など）、同一概念用語に該当する事実の認定なども相当の違いが出てくる場合があるのは当然のことといっていいでしょう（例えば、同一の事件が民法上では「過失あり」と判断されながら、刑法上では「過失なし」と判断されることもあるのです）。

　刑法の適用に関しては、警察とか検察庁が、積極的に事件を摘発して、犯罪捜査を遂げて起訴し、刑罰を科します（もちろん、告訴とか告発とかが捜査の端緒となることもあります）、民事事件においては、いかに過失が大であるからといっても、またどれほど莫大な損害が発生しているからといっても、被害者自身が積極的に訴を提起して裁判を求めなければ、事件はそのままとなってしまいます（このような問題に関する限り、一般社会人は、民事責任と刑事責任との区別や、両責任の追及方法についての相違という問題についての知識が不足しているといえましょう）。

4　民法と商法との関係はどうか

　商法は民法の特別法であり、営利活動としての商行為や、営利行為を業として行なう商人について特別の定めをする法律ということができましょう。この商法は、民法が市民社会における市民相互間の法律関係を規律する一般法であるのに対して、特別法の関係に立ち、「特別法は一般法に優先する」という関係となり、いわゆる商行為ないし商人の行為について民法に優先して適用されることとなります。このことを商法の1条2項においては、「商事に関し、この法律に定めがない事項については商習慣に従い、商習慣がないときは、民法（明治二十九年法律第八十九号）の定めるところによる。」と規定し、民法に対する商法の優先適用を前提とし、商慣習さえもが民法の

適用に優先することを定めております。

5　民法と訴訟法との関係はどうか

　民法にはいろいろな場面における私人の権利・義務関係が規定されています。そのことから、人は時として、その民法が規定する権利や義務が、民法に規定されているだけで当然にその内容が実現されるもののように錯覚をし、現実にはそのようにならなかったりすると、民法が無力な存在であると感じたりします。しかし、このような感じは、民法というものの機能を誤解しています。もともと民法は、あるべき法律関係を規定しているのであり、その規定しているところが守られないような場合に、その内容を実現するための手続を規定するのは全く別の法律なのです。このような事態に対応するための手続が規定してあるのが訴訟法、特に民事訴訟法や人事訴訟手続法ということとなります。例えば、他人に不法に傷害を与えられた者は、その治療費とか慰謝料について損害賠償を取ることができると、民法には規定してあります（709・710）。それを任意に払おうとしない加害者に対し、裁判に訴えてでも、強制的に払わせて権利を実現する手段を規定するのが、民事訴訟法や民事執行法という手続法になるのです。

　このあたりを十分にわきまえませんと、民法の機能を誤解することにもなりかねません。

第2章　民法の基本原理とは何か
——財産法と身分法——

　民法の対象とする私たちの生活関係は、財産的生活関係と身分的生活関係とに二分することができます。この財産的な生活関係の基本となる概念としては「所有権」と「契約」を考えることができるでしょう。この関係について、これを支配するものとしては次の4原則を考えることができます。
　現在の民法は、18世紀末の個人自由の思想を基本原理とする個人主義法制であって、理論的にも形式的にも個人の権利本位にできております。したがって、四原則というのは、この個人主義民法に見られる特色ということになります。
　その第1の原則は、「権利能力平等の原則」であり、すべての人間（自然人）は出生によって平等の権利主体としての地位（これを「権利能力」という）を与えられ、身分・階級・宗教・性別・人種・信条などによって差別を受けることがないという原則のことです。現在では、権利の客体にはなるが権利の主体としての地位を与えられない奴隷というような存在は認められないし、また、人によって権利をもつことのできる能力に差異があることはありません。つまり、取引行為というものを考えるとしても、人はすべて取引の主体として平等ということになるのです。民法第3条1項では、「私権の享有は、出生に始まる」と規定し、権利能力（権利能力というのは権利・義務の主体となることができる地位ないし資格ということです）の始期を定め、同時に、すべての人間に平等の権利能力を保障したものであるといえましょう。
　第2の原則は、「所有権絶対の原則」であって、基本的には、個人主義民法は私有財産制度を承認し、財産権の基本としての所有権を不可侵かつ絶対なものとし、理由なく国家においてさえもこれを侵害したり制限したりしてはならないという近代法の基本的原則の1つです。権利の対象としての典型

的な存在としての所有権に着目したものということができましょう。

　第3の原則は、「契約自由の原則」です。この原則は、個人は社会生活において、自己の意思にもとづいて自由に契約を締結し、私的な法律関係を形成することができるのであって、国家がこれに干渉すべきではないという近代法の原則のことをいいます。個人主義民法のもとにおいては、法律関係は個人の意思を基本として形成され、これこそが最も重要な存在といえます。かつては、私的法律関係といえども、個人の意思によって決まるものではなく、各人が占めていた地位や身分によって初めから決定していたものが、近代私法のもとにおいては意思（契約）によって決まってくるということから、イギリスのヘンリー・メインは、その著書『古代法』の中で「身分から契約へ」(from Status to Contract) という言葉でこのことを表現しようとしております。

　第4の原則は、「過失責任の原則」です。ある人の行為などを原因として損害が発生した場合においても、その行為などに故意・過失がない限り、いかなる損害賠償責任も負担しなくてよいという原則のことをいいます。各人は自己の自由な意思活動、言いかえるならば故意または過失に基づく行為による結果についてのみ責任を負えば足りるということになるのです。（この原則については、不法行為責任の説明の際に詳しく説明します）。

　右に説明した四原則のうち、「所有権の絶対」「契約自由の原則」「過失責任の原則」を個人主義民法における三原則ということもあります。この三原則の前提として「権利能力平等の原則」があると理解しておけばいいでしょう。

　個人主義が高揚されつつあった時代において、時代の思想にもとづいて立法された個人主義民法は、前近代的な主従関係を排斥し、身分的結合関係を解消させ、人類文化の向上に寄与し、19世紀の資本主義経済の繁栄に著しい貢献をなしてきたことは紛れもない事実であったといえましょう。

　しかしながら、20世紀に入り、資本主義の極端な発展に伴って、自由競争に敗れ、自分の労働力のみしか有しない労働者となって社会の下層に苦し

む者と、資本主義社会における成功者として巨額の富を手にした者とが分かれ、いわゆる労働者階級と資本家階級が発生し、この間に越えがたい格差が生じるに至りました。そのため、この個人主義民法の基本原理といえども、これが修正を受けないまま適用されることは実質的な不公平を生じるようになってくるわけなのです。そうなってきますと、この個人主義民法における理念としての基本原理を考えるにあたっても、これがどのように修正を受けつつあるかについて見ていくことが重要になるのです。

「契約自由の原則」の問題は契約を考えるに際して、「過失責任の原則」は不法行為を考えるに際して検討することとし、ここでは「所有権の絶対の原則」と権利の濫用といった問題を検討しておきましょう。

ところで、ここまで検討してきた基本原理は、個人主義民法の基本原理ではありますが、財産法の領域における基本原理であります。そこで、身分法領域における基本原理について一言しておく必要があります。つまり、家族に関する法律は、戦前の日本においては、「家」というものを中心として存在し、男性絶対優位の構造を有していたことは周知のとおりであります。ところが、戦後の憲法の精神から、現在においては「法の下の平等」(憲法14)、「個人の尊厳の尊重」(13)、「男女の本質的平等」(24) の原理が支配することとなりました。このような趣旨から、民法家族法においては、この「男女の本質的平等の原理」をもって基本原理とすることになります。

所有権の絶対性と権利の濫用について

【事例】私の家の南側に居住している甲は、日ごろから私たち家族に意地の悪い態度をとり、先日は、私の家の庭に接して高さ五メートルもの塀を作ってしまいました。このため日照の完全な妨害となり、困っております。

所有権の絶対性という原理は、資本主義の基礎をなす原理であります。つ

まり、各人は自己の所有権について、理由もなく侵害を受けないことが保障され、これを前提としての財産的な取引（契約）などをすることができるのです。このことは私有財産制を保障する憲法の規定（29）からも当然いえるところです。

しかし、この所有権という絶対的な権利も、やはり権利というものが人間社会において存在しているものでありますから、その行使によって他人にどのような迷惑をかけてもいいし、どのような損害を与えてもいいというわけにはいきません。いかに権利とはいっても、権利の社会性ということを考えた場合にはそうはいきません。

民法206条は、「所有者は、法令の制限内において、自由にその所有物の使用、収益及び処分をする為す権利を有する」と規定して、この原則を説明していますが、この規定自体が「法令の制限内において」と規定して、所有権にも限界があることを明白にしています。また、同時に民法1条では、私権は、公共の福祉に適合しなければならず（①）、権利の行使も義務の履行も信義に従って誠実にされなければならないことを規定し（②）、権利といえどもその濫用をしてはならないこと（③）を示しています。そして憲法29条第2項、3項が、財産権であっても正当な補償さえあれば、それが所有権であっても公共のために用いることができることを明白にしています。これらによって個人主義民法の基本原理は修正を受けているわけです。

この絶対とされる所有権（前記修正によってひとり所有権のみが絶対の権利でもなくなったということが明らかにされておりますが）との関係において、簡単に検討しておかなければならない問題に「権利の濫用」の問題があります。

「権利の濫用」とは、外観上はあたかも正当な権利の行使のように見えるが、その実質は権利の社会性に反し、正当な権利の行使とはいえない行為のことをいいます。権利の濫用となる行為は、場合によっては不法行為さえ構成することもあり、損害賠償債務を発生させることもあるのです。

所有権と権利の濫用についての典型的な判例に有名な宇奈月温泉事件があ

ります。この事件は、山間の価値の低い土地の上を通過して宇奈月町まで温泉を運んでいる木管にケチをつけた事件です。つまり、この湯を引いている木管が、たまたま山間の他人の土地約2坪ばかりの荒地の上を通過していることに目をつけ、わざわざ、この土地を二束三文で買い受け、この木管の所有権者である会社に対して、この荒地とともに自己が別の所に所有していた土地とをセットにして一括で極端な高額で購入するように要求し、これが受け入れられないとなるや、木管の除去を請求したという事例です。この事件について、判例は、木管を撤去し、新規の設備を作り直すとなると膨大な日数と莫大な費用がかかることを考えると、このような要求は権利の濫用であって、とうてい許されないという判断をし、この請求を否定しました（大判昭10・10・5）。

外観上では正当な権利の行使のようにも見えるけれども、このような権利主張は、権利の社会性に反するものであって権利の濫用となるから、権利の本来の効果が不発生となるというのです。所有権というものではあってもこれを制限するところの法律は極めて多数にのぼり、その内容も多種多様といってもいいでしょう。したがって「所有権の絶対性」とはいってみても、もはや歴史的な意味しかなく、所有権に限って絶対性を有する自由な権利であるとも言いきれなくなってきているのが実情です。所有権といえども、これが濫用された場合には、その権利としての本来の効果が認められないばかりか、場合によっては、その行使自体が不法行為となり、損害賠償請求権を生ずることもあるのです（709）。ここで、もう一例、所有権の濫用が不法行為となる場合を紹介しておきましょう。

嫉妬建築事件として知られている大正15年の事件ですが、隣地にあった結核病院に自己の土地を高額で売りつけようと画策し、ほかにも十分な空き地があるのに、わざわざ病舎と並行して、境界から1尺3寸ほどの地点に幅2間、長さ19間、高さ21尺の板囲い物置小屋を建造し、通風と日光とを遮断し、あまつさえ建築を炎暑の時期に選択して、防腐剤の悪臭、トタン屋根板設置の雑音等のため、右病舎の患者の大部分を退院・転室させ、一部を興

奮させて死期を早めさせたという事案がその案件です。判例は「世上権利ノ濫用ト目セラルヘキ例多シト雖モ、呼吸器病及結核病患者ヲ収容スル病舎ニ接触シテ同患者ノ最モ必要トスル清新ナ空気日光ノ遮断流通ヲ阻害スヘキ設備ヲ為シ因ッテ無辜ノ患者ノ生命ニ危殆ヲ及ホシタル事件ノ如キハ蓋シ稀」であり、このような行為は不法行為を構成すると判断しております（安濃津地判大正 15・8・10）。

このようなことで、権利濫用となると、所有権の正当な行使のように見える行為であっても所有権の適正な行使とは認められませんし、この事案のように場合によっては不法行為となって損害賠償の請求を受けることさえあることがわかりました。

権利の濫用についての判例を逐一紹介している余裕はありませんから、ここでは所有権の行使が権利の濫用とされる場合に限定せず、権利の濫用と認められた場合の効果について、整理しておくことにしましょう。

ある行為が権利濫用とされる場合、被害者は、その外形上の権利が権利としての本来の効果を有しないものとして、その結果の排除を請求することができ（198 条など参照）、この際に損害が発生した場合には、不法行為が成立するものとして損害賠償責任を追及することができ（709 条参照）、また父や母といった未成年者の親権者である者がその親権を濫用したような場合には、家庭裁判所においては、未成年者の親族または検察官の請求によって、その親権の喪失の宣告をすることができる（834 条参照）など、権利濫用の効果は、その濫用された権利の種類によっても性質によっても異なるところがあります。

第3章　民法上の権利の主体となる者
——権利を持つ者、義務を負担する者——

1　権利能力と行為能力

　民法という法律は私人の間における私的法律関係について規律するものであることは、すでに詳しく説明したところですが、そこにあっては権利と義務という形態で法律が構成されているといっていいでしょう。民法にあっては、その対象を権利中心に構成していますから、常に権利という存在が顔を出してくるのです（同時に権利は反面としての義務と表裏の関係にありますから、義務中心ということもできるかもしれません）。そこで、これ以降の説明においても、やはり権利というものを中心に考えていきます。ここでは、この権利の主体という側面から検討することにしましょう。つまり、民法上で権利をもつことができる者とはどのような者があるのかという点を検討していくわけです。

（1）　権利能力を有する者——その1　自然人

　民法上で権利の主体となることができる能力・地位（これを「権利能力」といいますが、権利をもつことができる資格と理解しておけばいいでしょう）を有している者、反面からいえば義務の負担者となることができる者にはどのような存在があるのでしょうか。これについては民法は2つの存在を予定しております。つまり、その1として、われわれのように血の通った人間がそれに該当することはだれしも疑わないところでしょう。このような存在を民法では「自然人」と称しております。

自然人については容易に理解することができますが、権利能力を有する者は自然人に限定されるものではありません。権利能力を有する者として自然人以外にも「法人」という存在があります（34）。これは、自然人ではないけれども、特に法が権利能力者としての自然人と同様に、権利の主体としての能力ないし資格を認めた者で、要するに、法が特に認めた権利主体ということになります。この法人についてはのちに説明しますが、ここでは単に、会社法が認める「株式会社」というような存在を頭に浮かべておくだけでいいでしょう。つまり、その会社を組成するところの個人の立場を離れて、その会社自体が一個の権利主体として認められることとなるのです。例えば、「この車両は〇〇会社の所有物です」というような表現ができるように、法人それ自体が権利の持ち手となるのです。

　現在の民法は、やはり憲法の規定を前提として存在しているものですから、憲法がいう人間の尊厳と各人の本質的平等という理念を基調とするものです。これを明確に示す「権利能力平等の原則」という概念が重要なものとなってきます。そこで、この趣旨を明確に示している規定として、民法3条1項の「私権の享有は、出生に始まる」というのが意味をもってきます。つまり、自然人にあっては、身分・階級・宗教・性別・人種・信条などに関係なく、あらゆる人に平等に権利能力が与えられるというのです（ちなみに戸籍簿への記載は権利能力と関係はありません。人が出生した場合には届出義務者において14日以内に出生届をし戸籍記載がされることとなります（戸籍法4①）。届出がされないと過料の制裁を受けます）。このようなことで、自然人については出生によって、この時点から平等に権利能力が与えられます（3①）。

　この「出生」とは、どの時点を指すのでしょうか。常識的にいえば、胎児が母体から出てきた時点ですが、これについては民法上でだいぶ議論があります。この点を明白とするために、胎児が母体から全部露出した時点が出生である（全部露出説）という定義をするのが通説の立場です。要するに、権利義務の主体となることのできる時点を最も明確とすることができるのはこの時点であるからという趣旨からです。この点について、刑法の上でも同様

の議論がされておりますが、こちらでは、胎児が母体から一部露出した時点ということで一部露出説が通説とされています。同じ法律でありながら刑法の通説と民法の通説とが異なっているというのも、興味がもてるところでしょう。どうしてこのようなこととなるか考えてみたいところです。

(2) 胎児の権利能力

【事例】私の夫は、半年前に交通事故によって死亡し、夫には姉と弟がおり、自分たちにも兄弟としての相続権があると主張しております。私は現在妊娠中ですが、生まれてくる夫の子には相続権はないのでしょうか。また、この子は、夫の交通事故の加害者である相手方に対して損害賠償請求権を有しているでしょうか。

民法3条1項の規定がいうように出生によってだれであろうと自然人には権利能力が認められることとなります。しかし、この規定から判断すれば、まだ生まれていない胎児には権利能力は認められないこととなりましょう。こうなると胎児は法的に全く保護されないことになるのでしょうか。

具体的な場面を考えていきますと、はたして胎児に保護を与えなくてもいいのだろうかという点が問題となってきます。相続権といった面で、胎児にこれを認めてやらないとかわいそうです。つまり、【事例】のような場合においては、胎児に相続権がなければ、兄弟姉妹が相続人となってしまいます。つまり配偶者が4分の3相続分となり兄弟姉妹は4分の1を相続します（900条3号）。ですから、極端な場合には、父の死亡の翌日に子が生まれていても相続権がないことになります。胎児でも子供としての相続権があれば、胎児2分の1、配偶者2分の1となります（同条1号）。どうも後者のほうが合理的な気がします。その他にも、胎児であっても父が殺害されたような場合に損害賠償請求ができてもいいように思えますし、遺言によって財産を

譲渡される場合にもこれ受ける資格を認めたほうがいいような気がします。

　民法におきましては、特定の場合に限定してではありますが、例外的に胎児にも権利能力を認めております。つまり、相続という場面——代襲相続を含む（886）、遺言によって、財産も与えられる遺贈の場合（965、886）、遺留分（1044、887）を受ける場合、損害賠償の請求をする場合（721）について個別的に胎児に権利能力があるということを規定しております。簡単にいえば、次のようになります。つまり、父親が妻と子供1人を残して死亡したような事例において母の胎内に胎児がある場合、その胎児はすでに生まれているものとして父の財産を相続することができるし、もし父の死亡が交通事故などの他人の不法行為による場合には、胎児にも損害賠償請求権が認められます。また遺言によって、財産が与えられる場合にも胎児はこれを受ける資格があります。胎児については、特に胎児のままで認知を受けることができるという規定（783①）があることにも注意を要します（これは単に胎児を認知の対象として認めただけで、権利能力を認めたものではないとするのが通説です）。

　この特定の場合に限定して胎児に権利能力を認める趣旨ですが、これは、のちに胎児が生きて生まれた場合のことで、死んで生まれた場合には適用されません。しかし、問題は、生きて生まれた場合に、遡及して権利能力を認めることとするのか、それとも生まれる前から存在しているものとして取り扱い、もし死亡して生まれた場合に、遡及して権利能力がなかったこととなるのかという点についての議論があります。判例の態度は前者の立場をとっておりますが、学説は後者の立場が多いようです。権利能力の始期というものを考えてみる際に検討すべき問題ということができましょう。

　また、自然人に与えられる権利能力は、原則としてその者の死亡によってのみ失われ、これ以外の理由によって失われることはありません（後述の失踪宣告も失踪者の従来からの住所地における権利義務関係を整理するだけのことで、失踪者の権利能力自体がなくなるわけではありません）。

　死亡によって権利能力を喪失すれば、その者の有していた法律関係は、死

者を主体として維持することはできませんから、当然に相続という形で、相続人という別の権利能力者に承継されることとなります（ある人が死亡した場合、死亡の日から7日以内に死亡届をすることが義務づけられますが〔戸籍法86〕、戸籍の届出の有無は権利能力の消滅や相続に影響を与えるものではないことは当然といえましょう）。

(3) 失踪宣告

【事例】私の夫は、10年前に蒸発してしまいましたので、夫についての失踪宣告の手続を受け、現在の夫と再婚しました。ところが、突然に夫が生きて帰ってきたのです。私には現在の夫との間に子供も1人あります。私の立場はどうなるのでしょうか。

人の権利能力の終期は死亡であることがはっきりしました。しかし、人が死亡したということが、常にはっきりと認識できるとは限りません。行方不明となった者の生死を確認することができない場合も多くあります。ある人の財産なども、その人が死亡したことがはっきりすれば相続などの手続をとることができますが、これが判明しないうちは、その財産について、勝手に処分することは困難といってよいでしょう。また、その者に妻子があった場合、その妻も、そのままでは婚姻は継続していることとなりますから、再婚をすることは当然できないわけです。このような状態が10年も20年も継続したような場合には、財産上の利害関係を有する者や、この者と婚姻関係にある者などはたいへんに気の毒な立場となりましょう。

民法は、このような不都合な場合を解決するために失踪宣告という制度を設けています。つまり、ある人が行方不明となり生死不明となって、その生死不明の状態が7年間継続した場合（普通失踪）、あるいは戦争に行ったとか、沈没した船に乗船していたとかのため死亡した可能性が高い状態で、行方不

明・生死不明の状態のまま、1年の期間が経過した場合(危難失踪)などにおいて、利害関係を有する者から家庭裁判所に対して失踪の宣告を請求できるのです(30)。宣告を得た場合は、その人が右の7年の期間が経過した時点において(普通失踪の場合)、あるいは行方不明・生死不明となった時点において(危難失踪の場合)、法的には死亡したものとして扱われ、相続が開始され、その配偶者も婚姻関係から解消された状態となり自由に再婚できるなどの諸効果が発生するのです。つまり、失踪宣告を受けることによって、死亡したのか生存しているのかが不確定な状態にあった者の有していた財産関係や身分関係を不安定な状態から解消し整理を図ることができるようになるのです。

　このような失踪宣告が誤ってなされ、本当は生存している者について死亡したものとみなされた場合、どうしたらいいのかが問題となります。このような場合には、家庭裁判所において当該失踪宣告を再度、取り消す審判をしてもらいませんと、死亡とみなされた効果は変わりません(32)。そこで、この失踪宣告が取り消されると宣告はなかったことになりますから、その処理について問題が生じます。つまり、死亡したものとして、財産は相続ということで相続人へ移転しているでしょうし、場合によっては配偶者だって再婚しているかもしれません。これらの関係をどう調節したらいいのでしょうか。この点について民法32条1項においては、「その取消しは・失踪の宣告後その取消し前に善意でした行為の効力に影響を及ぼさない。」としております。そして同時に同条2項においては、「失踪の宣告によって財産を得た者は、その取消しによって権利を失う。ただし、現に利益を受けている限度においてのみ、その財産を返還する義務を負う」と規定しております。

　失踪宣告が取り消されると、相続によって財産を取得した者は取得した財産を返還することになりますが、相続した者が本当に失踪宣告は正しかったのだと信じて自分が取得した財産を処分してしまっているような場合には、「現に利益が残っている限度」で返還すればいいことになります。ここで「現に利益が残っている限度」といいましたが、この概念はなかなか理解が困難

な概念なのです。ちょっとだけ説明しておきましょう。

　取得した財産がそのまま残っている場合や、これが現金などに形を変えてでも残っている場合は現に利益が残っている場合です。また、使ってしまって残っていな場合でも、次のような場合には「現に利益が残っている」と評価されます。すなわち、その財産を必要やむをえないような使途に費消したような場合です。このような場合には相続した財産をこれにあてていなければ必然的に自己が有していた他の財産をあてることとなったはずです。つまり財産を相続しなければ本来減少していたはずの他の財産が残っているわけですから、このような意味でこの場合には「現に利益が残っている」こととなるのです。ですから、よけいな財産が入ってきたからというのでむだな使い方をしてしまって、残っていないような場合は「現に利益が残っていない」ことになるのです。しかし、生活上の必要な諸費用に費消したような場合には「現に利益が残っている」ことになります。

　また次に問題となるのは、相続した者から財産を譲渡された者の場合です。この場合には前述の民法32条１項の規定によると、この者が善意であった場合には、これを返還する必要はないということになります。もっとも、ここで善意というのは、譲渡人と譲受人との両者が善意、つまり失踪宣告が誤っていないということを信じていたことが必要とされるのです。

　失踪宣告の取り消しがされたときに特に問題となるのが、宣告を受けた者の配偶者が、自分の配偶者はすでに死亡しているとして他の者と再婚している場合です。再婚の当事者の一方または双方が失踪宣告が誤りと知っていた場合には、従来の婚姻は復活することとなり、のちにされた婚姻は重婚となってしまいます。そこで、重婚は取り消すことができる婚姻となりますし（744）、復活した婚姻は離婚事由ある婚姻となりましょう（770）。

　では両者が善意であるような場合は、婚姻はどうなるのでしょうか。これについては、実務の扱いにおいては従前の婚姻は復活しないとされております。

　失踪宣告は、人の生死不明の状態を理由としてその人を死亡したのと同様

に扱う制度です。それだけに、制度を適用するための要件は厳格となることは当然です。しかし、例外的に水難や火災その他の事故に遭遇して死亡したことが確実な場合でありながら、死体が発見されないようなときに、その事故の取調べをした官公署が、死亡地の市町村長にする死亡報告にもとづいて戸籍に死亡の記載をする手続に、認定死亡という制度があります（戸籍法89）。

これは簡易な手続によって戸籍への死亡記載がされるわけですが、この場合には、この戸籍記載をもってこの死亡記載日に死亡の事実があったと認められるのが実務の取り扱いとなります（最判昭28・4・23）。しかし、認定死亡の場合には、死亡したと「みな」されるものではありませんから（「みなす」ということの意味については後述39頁を参照）、実は死亡していなかったことが証明されれば、特に失踪宣告の取消の審判などの裁判をまつことなく、認定死亡者は自己の権利を主張することができることとなります。

(4) 同時死亡の推定

【事例】　私には夫と2人の息子がありましたが、先日、旅行先で列車事故に遭いまして、夫と長男と次男とが死亡してしまいました。3人の死亡時刻は不明です。夫の母は健在です。相続関係はどうなるのでしょうか。

人の死亡は、自然人が権利の主体であることをやめることです。要するに権利能力の喪失が人の死亡によって生ずるのです。

数人の者が死亡し、これらの者の間で死亡の前後が不明であるような場合、このことが相続などの法律関係にどういう影響を与えるでしょうか。死亡との関連が深いのは相続という問題です。権利能力が喪失されれば、死亡者は財産関係の主体としての地位を失いますから、この瞬間に相続が生じ財産関係は相続人に移転します。死亡の瞬間に相続が生じるのですから、死亡の時

期、特に相互に相続人としての地位を有している者同士が死亡して死亡の前後がはっきりしない場合には、死亡の前後を確定することが必要となります。ここで民法32条の2という規定が重要な機能を果たします。

　この規定では、死亡した数人の者の間において死亡の時期の前後が判明しない場合には同時に死亡したものと推定を受ける、とされています。これは、昭和36年ごろに、日本を相次いで大型の台風が襲い、船舶遭難が続いたことがあって、相互に相続人となるような者の死亡の時期の前後がわからないという問題が出てきたところから、昭和37年に改正によって創設された規定です。

　死亡者は同時に死亡したものと推定されることになりますと、相続は次のようになります。そもそも相続においては「同時存在の原則」という原則があります。被相続人が死亡した時点において、相続人は権利能力者として存在しなければならないという原則のことです（この例外となる場合が、すでに説明した胎児の場合の規定です。もっとも、被相続人の死亡の時点において胎児としては存在していなければならないという意味では、「同時存在の原則」が要求されています）。ですから、被相続人が死亡したのと同時に死亡した者の場合には、この同時存在の原則を満たしませんから、同時死亡者間では相続は起こらないこととなる筈です。

　そうなりますと、設例のような事例においては次のようになります。つまり、夫の母と配偶者である妻が相続人となり、妻が3分の2、直系尊属である夫の母が3分の1を相続することとなります（900条2号）。もっとも、息子に子供（妻にとっては孫）がある場合には孫が代襲相続をしますから、孫が2分の1、配偶者が2分の1を相続することとなりますので注意が必要となります（887）。

　この同時死亡の推定制度で注意しておきたいのは、同一事故による死亡であることは不必要であることです。つまり父は列車事故で死亡し、長男が山岳遭難で死亡したような場合でもいいわけです。また、条文を見ると、「数人の者が死亡した場合において、そのうちの1人が他の者の死亡後になお生

存していたことが明らかでないときは、これらの者は、同時に死亡したものと推定する」とあり、数人中のある者の死亡時刻は明白であっても他の者のそれが不明であるために死亡の前後が判明しない場合であってもいいこととなります。これにも注意しておいてください。

　同時死亡は「推定」されるものであって「みな」されるものではありません。この点にも注意が肝要です。「推定」というのは、証拠によって確定することができないような場合にしかたがないから一応そのようにみるということです。ですから、証拠によって同時死亡でなく死亡の前後が確定することができれば、同時死亡の推定は覆ることとなります。

　ついでに説明しておきますと、「みな」すというのは本当は違っているけれども法律的にはそのように扱うということです。ですから、証拠を示してそれが違っているということを証明してみても、「みな」された効果は覆るものではないのです。例えば、人間の生活の場所的中心のことを「住居」といいますが（22）、この住所がわからないような場合には「居所」が住所とみなされることとはります（23①）。これについて本当は違っていることを証明しても「みな」された効果は変わることはないのがいい例でしょう。

2　権利能力を有する者——その2　法人

【事　例】　Ａ不動産会社の総務部長とかいう人が訪ねてきて、私の所有する山林の1部を購入したいと言ってきました。この人個人が買うのではなく、Ａ会社で買うのだと言っていますが、この場合には、契約はだれとすればいいのでしょうか。

　権利をもち、義務を負担することができる資格である「権利能力」について説明し、権利能力者としての典型的な存在として自然人を説明してきました。しかし、権利能力を有している者というのは、何も自然人に限定される

ものではありません。もう一つの典型的な存在として「法人」があります。これが経済社会において重要な機能を果たしていることは、だれも知っているといえましょう。

　自然人の権利能力が認められるのは、それが肉体・意思・生命などを有しているからであるというような理由よりも、これが社会的に活動し、社会にあって、それぞれの役割ないし任務を果たしてきているからといっていいでしょう。そのような意味からすれば、社会的に有用な存在といえば自然人だけではないはずで、法人という存在が権利能力者として認められることは当然といえます。

（1）　公法人と私法人

　公法人というのは、その設立や管理について国家などの公権力がかかわるものであり、国、都道府県、市町村などの公共団体がこれに該当します。つまり、国家的な公共の事業を遂行することを目的として公法に準拠して成立した法人のことです。それ以外は私法人ということになります。つまり、私人の自由な意思決定による仕事のために私法に準拠して成立した法人のことです。もちろん、公法人も権利義務の主体となることができます。公法人について特に注意を要するのは、そこにあって職務として公権力を行使する当該法人の職員たる公務員が、職務の執行に際して、故意又は過失によって国民や住民に違法な損害を与えた場合には国家賠償などという形で公法人としての責任が生じるということです。

（2）　社団法人と財団法人

　この法人には、人の集まりである「社団」と、財産の集まりである「財団」とがあります。社団法人は、人の集まり（団体）ですから、「社員」を不可欠の要素としており、「社員総会」が法人の最高意思決定機関となります。

業務執行については、機関としての「理事」を置かなければならないものとされております（一般社団法人及び一般財団法人に関する法律60条1項——以下「一般法人法」という）。

　財団法人の場合は、財産の集合体であるから、財団の機関は、財団を設立した者（設立者）の意思を忠実に実行することが必要になります。財団は、機関として、「評議員・評議員会」、「理事・理事会」、および「監事」を置かなければならないものとされます（170①）。

（3）　法人の登記

　「自然人」は、出生により、当然に権利能力を取得することになります。しかし、「法人」は、「この法律その他の法令の定めるところにより、登記するもの」（36）とされています。改正前民法においては、公益法人の設立登記は、法人成立の対抗要件とされていましたが（旧45②）、現在では、多くの法人は、その設立登記が法人の成立要件であるとされています（一般法人法22、163、会社法49、特定非営利活動促進法7、13など）。

（4）　一般法人と公益法人

　2006年の法律改正によって法人制度については大きな変革が加えられました。「一般社団法人及び一般財団法人に関する法律」の規定によって営利を目的としない法人についてはすべてこれを一般法人（「一般財団法人」と「一般社団法人」）となるものとしました。従って、民法法人についてはこの一般法人が原則ということになったわけです。そして、この設立については従来の許可主義を廃止し、いわゆる準則主義（あらかじめ法律が定めた要件さえ満たせば当然に設立が認められるという主義）が採用されることになりました。

　このようにして認められる一般法人のうちで「公益社団法人及び公益財団

法人の認定等に関する法律」4条の規定によって行政庁からその法人が「公益目的事業」を行うものであるとの認定（公益認定）が認められると公益法人（公益社団法人と公益財団法人）となることができることとなるという仕組みがとられることとなりました。公益法人については税制上の優遇を受けることができる地位が与えられることになります。

この他にも特別法によって認められる公益法人（ＮＰＯ法人、学校法人、社会福祉法人、医療法人、宗教法人など）がありますし、さらに労働組合や協同組合、共済組合などの中間法人が認められております。

(5) 法人の機関

法が認めた権利能力者であるといっても法人は、肉体を有する存在ではないから、自分自身で活動することはできません。法人は、その機関を通じて活動することとなります。法人の機関について説明しておきましょう。

① **理事** 法人の内部的事務を執行し（一般法人法76①）、外部に対してはこれを代表する（77①）という役割をもつ機関です。これは常設の機関であって、理事が法人代表者として法人の目的の範囲内で行動すれば、それは当然に法人の行動ということになります。手形の振出しなどはもとより、寄付や慰労金の支出なども法人の行為となるのです。

② **監事** 理事の職務執行を監督する機関ですが、常設機関ではありません。

③ **社員総会** 社団法人における最高必須の意思決定機関です。理事は、毎年一回は通常総会を招集する義務を負います（36）。総会では、あらかじめ通知した事項についてのみ決議をすることができ、定款において理事等の役員に委任した以外の一切の事務について、多数決によって決することとなります。

上記機関のうち、「理事」、「社員総会」は、必ず置かれなければならない「必要的機関」です。監事は、「任意的機関」です（60）。さらに「理事会」およ

び「会計監査人」も任意的機関であって一定の場合には必要とされるものです（61、62）。

　一般財団法人については、評議員、評議員会、理事、理事会および監事が必要的機関とされています（170①）。

(6)　法人の権利能力

　法人は、設立完了時点から権利能力を有する。しかし、法人は自然人とは異なる存在ですから、権利能力も自然人の場合と範囲が異なります。簡単に整理してみることにしましょう。

　法人は、自然人のように肉体や生命をもたないから、夫としての権利とか妻としての権利とか、親族としての相続権とか扶養の権利とかいうような権利はもちません。いわゆる性質上の権利能力の制限があるということになります。しかし、名誉毀損とか信用毀損ということで損害賠償を請求する権利などは当然に認められます。

　法人という存在自体が法によって権利能力を認められた存在ですから（34）、これが法令によって制限されることも可能となります。これを法令上の制限といいます。

　法人は、定款または寄付行為によって決められた目的の範囲内において権利義務を有することとなります（34）。ですから、当該目的の範囲外の問題については権利能力を有しないわけです。もっとも、ここでの「目的」の範囲といいますのは相当に広く、目的として明示された事項のみではなく、その目的を達成するために有用な事項は広く目的の範囲に含まれますから、それほど限定されたものでもありません。

(7)　法人の行為能力と不法行為能力

　法人は、権利能力を有する範囲内において行為能力を有することとなりま

す。しかし、法人は自分が行動できませんから、代表者の行為を通じて行動します。公益法人の代表者は通常は理事となります（一般法人法77①）。このように法人は代表者を通じて行動しますが、代表者は自己個人としての行為と法人の行為とを明白に区別するために、法人の代表者として行動する場合には法人名を示して行動することが要求されております。

　法人に行為能力が認められるならば、法人の不法行為能力も認められて当然ということとなりましょうか。法人が組織上、理事という代表者を通じて行動する以上は、その際に代表者の行動が他人の権利侵害という状況をひき起こしたような場合には、これを法人自身の不法行為として法人に責任を負担させてもいいといえましょう。そのような意味で一般法人法78条においては、法人の代表者が法人の目的内の職務行為に際して他人に損害を生ぜしめた場合には法人自身が損害賠償義務を負担するとしております。そして、また法人自身が損害賠償義務を負担する場合においても、場合によっては行為者自身が民法709条の規定そのものによって責任を負担することがありうることは別論であるといえましょう。しかし、法人の機関が職務行為を逸脱して他人に損害を生ぜしめたような場合にまで法人が責任を負担することはないことに、注意しておきたいところです。

(8) 法人の消滅

　法人という存在は生命も肉体もありませんから、これが死亡することはありません。そこで、法人の場合は、自然人の場合と異なり、死亡ということによる法人格の消滅ということはありません。しかし、定款で定めた解散事由が発生したり、設立許可が主務官庁から取り消されたり、また社団法人にあって総会の解散決議があったというような場合には、解散ということになります。

　これによって法人はもはや目的遂行のための活動を続けられなくなり、消滅するわけですが、財産関係の整理すなわち清算が終了するまでは、その清

算目的の範囲内においては権利能力を喪失しないこととなっております（これを「清算法人」といいます）。この清算手続は、原則として理事が清算人となり、現務の終了、債権の取立ておよび債務の弁済、残余財産の引き渡しなどが実行され、その完了によって法人は消滅することになります。

3　行為能力と制限行為能力者制度

【事例】
1　15歳になる少年が、お小遣いを貯めたお金である30万円をもってコンピュータを買いに来ているのですが、売っても法律上の問題は生じないでしょうか。
2　補助開始の審判を受けている被補助人が補助人の同意を得ないままで銀行からの貸付けと、自己所有の土地に抵当権の設定をしようとしておりますが、銀行としてはこの求めに応じていいでしょうか。
3　保佐開始の審判を受けている者が亡父の財産の相続を放棄するといっておりますが、単独ですることが可能でしょうか。他の相続人はこの者の放棄を前提に行動していいのでしょうか。
4　後見開始の審判を受けた成年被後見人が完全に意識を回復している時点で、成年後見人の同意を得ないで自己の所有地を売却することができますか。

　既に権利の主体となり義務の負担者となる資格である権利能力について見てきました。しかし、権利能力があることと、権利能力者が単独で権利を得たり義務を負担したりする行為を完全に行うことができるかということは別の問題です。例えば、生まれたての赤ちゃんでも権利能力者ですから、相続人となることができますが、その相続した財産を自ら処分して別の財産にかえることはできないはずです。

このようなことから自分自身が単独で完全に有効な行為をすることができる能力である「行為能力概念」必要となります（民法で「能力」という言葉が使われるほとんどの場合がこの行為能力の意味に使われます）。行為能力に欠けるところのある者のことを民法では「制限行為能力者」といっております。民法が認める制限行為能力者には、「未成年者」「成年被後見人」「被保佐人」「被補助人」があります。このうちの精神能力の欠陥が一番大きなものが成年被後見人であり、これに次いで未成年者、被保佐人、被補助人の順となります。

　次頁でこの制限能力者についての整理を一覧表にして示しておくことにします。

制限能力者制度

〔未成年者〕

　未成年者は満18歳に満たない者のことをいいます（2022年4月1日以降は、年齢18歳をもって成年とすることから、未成年者は満十八歳に満たない者のことをいうことなります（以後「改正成人年齢」とする））。この年齢の計算方法については特別の法律（「年齢計算に関する法律」）によって規定されています。すなわち、出生の当日から数え、暦に従って計算し、18年目の起算日の前日が満了した時点をもって、つまり、前日の午後12時をもって成年となるとされております（この場合の期間計算方法が通常の場合と異なっていることに注意を要します。140条によれば、通常の場合における計算方法は初日不算入とされます）。

　個別的に見ていけば、未成年者でも知力がすぐれ、何も制限能力者としての保護を与える必要はないと言いたくなるような者もあります。しかし、一般的にいえば未成年者は社会的な経験も少なく、知的発達も完全でないことが多いといえましょう。ですから、一般的・画一的に未成年者を制限能力者として保護しているのです。法定代理人である親権者や後見人の同意を得な

〈補助・保佐・後見の制度の概要〉

		補助開始の審判	保佐開始の審判	後見開始の審判
要件	〈対象者〉（判断能力）	精神上の障害（痴呆・知的障害・精神障害等）により判断能力が不十分な者	精神上の障害により判断能力が著しく不十分な者	精神上の障害により判断能力を欠く常況に在る者
開始の手続	申立権者	本人、配偶者、四親等内の親族、検察官等 任意後見受任者、任意後見人、任意後見監督人（任意後見契約に関する法律） 市町村長（整備法）		
	本人の同意	必要	不要	不要
機関の名称	本人	被補助人	被保佐人	成年被後見人
	保護者	補助人	保佐人	成年後見人
	監督人	補助監督人	保佐監督人	成年後見監督人
同意権・取消権	付与の対象	申立ての範囲内で家庭裁判所が定める「特定の法律行為」	民法12条1項所定の行為	日常生活に関する行為以外の行為
	付与の手続	補助開始の審判 ＋同意権付与の審判 ＋本人の同意	保佐開始の審判	後見開始の審判
	取消権者	本人・補助人	本人・保佐人	本人・成年後見人
代理権	付与の対象	申立ての範囲内で家庭裁判所が定める「特定の法律行為」	同左	財産に関するすべての法律行為
	付与の手続	補助開始の審判 ＋代理権付与の審判 ＋本人の同意	保佐開始の審判 ＋代理権付与の審判 ＋本人の同意	後見開始の審判
	本人の同意	必要	必要	不要
責務	身上配慮義務	本人の心身の状態及び生活の状況に配慮する義務	同左	同左

いで未成年者が行なった売買などの行為は取り消すことができるものとして、保護を図っているのです。未成年者の法定代理人となるのは親権者または後見人となります。

　未成年者の行為ではあるけれど、それが取り消すことができない行為であるとされても格別に未成年者の保護に欠けるとはいえない行為もあります。そのような観点から、民法は、同意なき未成年者の行為であっても取り消すことができない行為を次のように規定しております。

　①　物をもらったり、借金を免除してもらうというように、全く義務を負

担することなく、単に権利を得るか、義務を免れるだけの行為（5）。
② 法定代理人から使いみちを定めてお金を使うことを許可されたような場合に、このお金を定められた目的に使用したような場合（5③）。ある物を買いなさいと親から使用することを許された金などがこれに該当します。
③ お小遣いのように目的（使途）を決めないまま法定代理人から使うことを許可された金を使用する場合（5③）。ほぼ条文の表現によれば「使途を定めずに処分を許した財産の処分行為」ということになります。
④ 特定の一個または数個の営業をすることを法定代理人から許された場合に、その営業に関してした行為（6①）

後にも説明しますが、未成年者などの制限行為能力者は取引においてできるだけ保護されることになっているのですが、制限行為能力者である未成年者が取引に際して、詐術（例えば偽造の戸籍謄本を取引の相手方に示すなど）を用いて取引の相手方に自分が能力者であると思いこませたような場合は、このような制限行為能力者は保護に値しないということで、法律行為を取り消すことはできないとしております（20）。「能力者と信ぜしめた」というのが民法の条文ですが、制限行為能力者自身を能力者であると信じさせなくても、法定代理人の同意を得ていると信じさせたような場合でも、これに該当するとされております。

ここで注意をしておきたい点は、以上に説明したことは、財産的な行為についてはほとんど問題なく適用されますが、問題は身分行為です。身分行為は原則として代理人によってするというわけにはいきませんし（例えば婚姻を代理人にさせるわけにはいきません）、また身分行為の多くは本人の真意が必要とされますから、未成年者であっても法定代理人から完全に独立してすることができる行為があります。未成年者が子を認知する場合も父母や後見人の同意は不要です（780）。また遺言も15歳となれば単独で完全に有効にすることができます（961）。

未成年者の法定代理人は、親権者である父母ですが、これがない場合には後見人が選任されて法定代理人となります。この法定代理人は、未成年者の法律行為に同意を与える権限を有すると同時に、未成年者を代理して未成年者の名において法律行為をする権限を有します（857）。

　このような制限行為能力者である未成年者が法定代理人の同意を得ないでした法律行為は、それがゆえに無効となるものではなく、それはそれで有効な法律行為となります。しかし、このような法律行為は未成年者自身（法定代理人の同意を得ないで単独で）または法定代理人において取り消すことができます（5②）。このようにして法律行為が取り消された場合は、法律行為は当初から無効であったこととなり（121）、例えば未成年者から物を購入した者においては、売買契約はなかったこととなるわけですから、買った品物は返還し、代金を未成年者から返済してもらうこととなります。もっとも、未成年者保護という建前から、未成年者においては、当該契約によって得た利益が手もとに現存する限度において返還をすればよいとされています（121②後段）。ここにいうところの「現に利益が残っている限度」という意味はなかなか理解が困難な概念です。これについては、本書35頁以下の説明を参照してください。

〔成年被後見人〕

　成年被後見人とは、精神上の障害により判断能力を欠く常況にある者について本人、配偶者、4親等内の親族、未成年後見人、未成年後見監督人、保佐人、保佐監督人、補助人、補助監督人、検察官からの申し立てによって後見開始の審判を受けた者のことをいいます。

　成年被後見人には法定代理人として成年後見人が選任され（843）、成年被後見人の行為についての取消権が認められています（120①）。同時に成年被後見人自身においても意思能力さえあれば取消権が認められます（120①）。

　成年被後見人の行為は、無条件で取り消すことができ（9）、その取消権者は制限能力者（他の制限行為能力者の法定代理人としてした行為にあっては、

当該他の制限行為能力者を含む）または代理人、承継人が同意権者がもつことになります（120①）。

　民法7条に規定する後見開始の審判の原因がなくなった場合には本人、配偶者、4親等内の親族、後見人（成年後見人、未成年後見人を含む）、後見監督人（成年後見監督人、未成年後見監督人を含む）、検察官からの請求によって後見開始の審判が取り消されなければならないこととされます（10）。

　複数後見人が認めら、同時に法人を後見人とすることも認められます（複数後見人が選任された場合については民法859条の2参照）。

〔被保佐人〕

　被保佐人とは、「精神上の障害に因り事理を弁識することが著しく不十分なる者」（浪費者が除かれている）について、本人、配偶者、4親等内の親族、後見人、後見監督人、補助人、補助監督人、検察官からの申し立てによって保佐開始の審判を受けた者のことをいいます。

　保佐開始の審判がなされると、保佐人が付されることになります（12）。

　被保佐人の能力は、民法13条に規定された行為についてこれを行うときには保佐人の同意を得ることが要求され、これを得ないままで行為した場合には、その行為を取り消すことができるとされています（13④）。家庭裁判所は、保佐開始の審判の申立人または保佐人もしくは保佐監督人からの請求によって13条に規定される以外の行為についても保佐人の同意が必要とされる旨の定めをすることができるものとされております（13②）。9条ただし書規定される日用品の購入その他日常生活に関する行為は別論とされます。また、家庭裁判所は、民法11条本文に定める者（本人、配偶者、4親等内の親族、後見人、後見監督人、補助者、補助監督人または検察官）または保佐人もしくは保佐監督人からの請求によって被保佐人のために特定の法律行為についての代理権を与えることができるともされております（876条の4）。したがって、これが認められた場合には保佐人は、かような法律行為についての代理権をもつこととなります。この場合にあっては、制限行為能力者に

ついてのいわゆる自己決定権の重視という観点から被保佐人自らの申し立てによる場合のほかは被保佐人の同意があることが必要とされることが重要です。

ここで取消権が与えられているのは被保佐人、その代理人、承継人、若しくは同意権者とされているところから（120）、当然にこの保佐人が取消権者となることとされます。

民法11条に規定する後見開始の審判の原因がなくなった場合には本人、配偶者、4親等内の親族、未成年後見人、未成年後見監督人、保佐人、保佐監督人、検察官からの請求によって保佐開始の審判が取り消されなければならないこととされます（14）。被保佐人との取引などの相手方については催告権などが与えられ保護がはかられています（20）。

保佐人の同意を得なければならない行為について、保佐人が被保佐人の利益を害する虞がないにもかかわらず同意をしない場合には家庭裁判所が同意に変わる許可をすることができるものとされており（13③）、保佐権の濫用の制限がはかられています。

〔被補助人〕

被補助制度は、精神上の障害により事理を弁識する能力が不十分であるということを要件とし、家庭裁判所から補助開始の審判を受けた者のことです。審判の申立人としては、本人、配偶者、4親等内の親族、後見人、後見監督人、保佐人、保佐監督人、検察官が挙げられています（15①）。そして、本人からの申請による場合以外の申請による審判にあっては、必ず本人の同意を得て行うことが要件とされます（15②）。これは、いわゆる自己決定権の尊重ということから求められている要件です。

この補助開始の審判をするに際しては、17条1項による被補助人が特定の法律行為をするについて補助人の同意を得なければならないことと定め、補助人の同意権限を定めるか、あるいは、民法876条の9の規定により補助人に特定の法律行為についての代理権を与える旨のどちらかの審判をしなけ

ればならないものとされています（15③）。つまり、補助人には、必ず同意権・取消権か代理権が与えられることとなるわけなのです。もっとも、同意権を必要とする行為は、民法13条1項に定められた行為の一部に限定されることとなります（17①ただし書）。

　この被補助者制度についても他の被後見制度、被保佐制度と同様に補助の原因の消滅した場合には本人、配偶者、4親等内の親族、未成年後見人、未成年後見監督人、補助人、補助監督人、検察官の請求によって補助開始の審判を取り消さなければならないものとされるし（18①）、制限能力者との取引の相手方からする催告権についての問題（20）、同様に制限能力者が能力者たることを信じさせるために詐術を用いた場合における取消権の制限についても他の制限能力者と同様の制限があります（21）。

〔制限行為能力者と後見登記など〕

　制限行為能力者については、後見登記等ファイルを制度化し、これに記もをすることによって公示が行われます。しかし、未成年者の場合には戸簿によって公示するものとされます。これを定めたものが後見登記等に関する法律です。法定後見の場合には裁判所書記官からの嘱託によって記載がされ、任意後見の場合には公証人からの嘱託によって記載されることとなります。登記内容はいわゆる磁気ディスクをもって調整されることとなります。そして、この後見登記等ファイルはプライバシーの観点から全面的な公開とはされず、本人、成年後見人等、成年後見監督人等、任意後見受任者、任意後見人、任意後見監督人その他一定の者に制限されることとされております。

〔日常生活行為と制限行為能力者〕

　成年被後見人、被保佐人、被補助人若しくは未成年者といった制限行為能力者にしてもその法定代理人の同意なくしてされた行為については、取消権者においてこれを取り消すことができることとなるわけです。しかし、その行為が誰でも行っているような定型的な日用品の購入その他の日常生活に関

する行為である場合については、これを取り消すことができないものとされました（9ただし書、13②ただし書、その他の制限行為能力者については9条ただし書が類推適用される）。

4　制限行為能力者の相手方の保護

【事　例】　私は、友人の紹介でBに100万円を融資しました。Bは年齢が若そうでしたから、未成年者ではないかと感じたので確認したところ、Bは戸籍謄本を見せてくれ、自分が成年者であることを証明しました。ところが、のちになって、その戸籍謄本が偽造されたものであり、Bの年齢が真実は17歳であることがわかりました。Bがのちに、親権者の同意を得ていなかったということを理由に金銭消費貸借を取り消すという主張をしてきた場合には、契約はどうなりますか。

　制限行為能力者制度とは本来、精神的にも不十分な者を保護するところに趣旨があります。このような制限行為能力者の保護は、実際問題として制限行為能力者の行為の相手方となった者の犠牲の上に成立しているものです。しかし、制限能力者保護の目的のためには、相手方の立場は完全に無視されるのでしょうか。

　民法は、制限行為能力者のした法律行為の相手方に対して、能力を回復した制限行為能力者自身か法定代理人を相手として、取り消すことができる行為を取り消すのか、それともそのまま認めるのか（追認するのか）を一カ月以上の期間を定めて回答することを要求する権利を認めており、回答がされなかった場合、なされた行為は完全に有効となり、以後は取り消すことができない法律行為になるとしております（20①、②）。法定代理人が後見人であって、追認をするためには後見監督人の同意が必要とされる場合には、後

見人は、単独で追認するか取り消すかを決定することができないので、催告期間の徒過によって取り消したものとみなされることとなります (20③)。

　制限行為能力者が取引に際して詐術を用いて自己を能力者と信用させた場合、法律行為を取り消すことはできないとされています (21)。このような者を制限行為能力者として保護するのは行きすぎであるといえましょう。また、自己が制限行為能力者であるということを認めた上で、それでも自分は親権者の同意があるとか後見人の同意があるとかいうような詐術を利用した場合であっても、条文の文理には反するようですが、法律がねらいとしているところとは合致していますから、本条の適用があるとされます。

　制限行為能力者の保護制度は、取引の安全を犠牲とするものですから、詐術を利用して自分の行為が完全なものとして相手方に信用させた場合にまで、取引の安全の犠牲の上に立って制限行為能力者を保護する必要はないわけです。

　なお、詐術は、自己を能力者と信ぜしめようということがその内容ですから、単に取引について詐欺的行為があったということでは本条を適用することができないことにも注意しておきたいところです。

第Ⅱ編　物の得喪

第1章　民法上の権利の客体

【事　例】　動産と不動産とでは民法上の取り扱いがたいへんに違うようですが、それはどうしてでしょうか。また、法律的な意味での動産とは何か、不動産とは何かも知りたいです。

　権利をもち、義務を負担する能力を有する者としての権利能力者について検討をし、行為能力の問題もあわせて見てきました。こんどは、権利の客体について見ておきたいと思います。
　権利の客体となるものにはいろいろありますが、その中でいちばん典型的な存在といえば、やはり「物」ということになるでしょう。民法の規定を見ていきますと、例えば、所有権という財産権の基本となる権利についても、「所有者は、法令の制限内において、自由にその所有物の使用、収益および処分をする権利を有する」(206) と規定されていて、権利の対象としての「物」を考えています。それでは「物」とは何かということとなります。民法は、これについて一応の定義を置き、「この法律において「物」とは、有体物をいう」としています (85)。他の法律はいざしらず、民法という法律においては、物とは「有体物」、つまり、形あるもの、例えば、固体・液体などに属するものであって空間の一部を占めるもののことをいうのです。要するに手でさわってみようとすればさわれるものとでもいっておきましょう。
　もっとも、最近は、権利の客体であるところの「物」について有体物に限定することなく、「法律上の排他的な支配の可能性」などという基準をたてて「物」の定義をしようとする立場が有力であり、電気や熱といったものまで「物」として考えるようです。

動産と不動産（特定物・不特定物、主物・従物、元物・果実）

　物の分類については、いろいろな方法がありますが、一つの分類としては、動産と不動産とに分ける分類があります。民法は、土地とその定着物を不動産とし、それ以外の物は動産としています（86）。

　このように民法が物を動産と不動産とに分類するのには、いろいろなわけがあるのですが、基本的には、動産よりも不動産のほうが一般的には高価であり、その取引が国民生活に対して及ぼす影響も強いからであるといっていいでしょう。動産はその字義が示すように常に所在する場所を移動する可能性がありますから、一般的には各品物を特定して、その品物についての権利者や権利内容などを常に一定の帳簿などに記載して管理するということが技術的に不可能であります。その反面、不動産の場合は、その所在場所を容易に変更するということはありませんから、一定の土地とか家屋についての権利関係を、帳簿に記載して管理していくことは可能です。このような帳簿が登記簿で、登記簿は、国の役所である登記所（法務局ないし地方法務局）に保管しておいて一般の国民に公開しますから、人々が登記簿を閲覧することによって、その不動産についての権利関係が一目でわかる仕組みになっているのです。そこで、このように、権利関係がどうなっているかを一般に示す、いわゆる「公示」の手段という点においても動産と不動産では大きく違っています。

　土地の定着物とは、土地に接着しており、簡単に移動させることができないものをいいます。建物、テレビ塔、ガスタンク、山林の樹木などといったものを考えておけばいいでしょう。

　権利の対象となるのは独立した物であることが原則ですから、不動産にあっても独立性が必要とされます。ですから、建物などは土地とは独立した存在ということができますが（370）、石垣とか庭木とかいうような、土地から独立した存在とはいえないものは単独の不動産とすることはできません。

もっとも、立木は、その幹を削って墨書したような場合には（これを明認方法といいます）、これによって独立の不動産としての権利関係を公示することができますし、一定の樹木の集団について「立木ニ関スル法律」という特別法によって、これを登記する方法が規定してあり、この手続をとることによって独立の不動産として扱われることができます。仮植中の植物などは、まだ土地に定着しているとはいえませんから、動産ということになります。
　動産と不動産という分類のほかにも、主物・従物（87）や元物・果実（88、89）などの分類などがあります。また違った観点から特定物・不特定物などといった分類もあります。

第2章　売買と目的物の所有権の移転

【事　例】　友人のAから不動産を購入したのですが、代金の一部を支払っただけで、まだ目的土地の引き渡しも登記も受けておりません。この不動産は私のものとなっているのでしょうか。

　財産権の基本となるものは「所有権」であります。所有権取得の原因となるものの典型的な存在としては、契約としての売買があります（契約についてはのちに説明します）。

　売買とは、簡単にいえば、一定の財産と金銭との交換をする契約であるといってもいいでしょう（555）。正確にいえば、売買とは一種の契約であり、一定の財産権を一定の価格で売りたいという売主の意思表示（申込み）と、一定の財産を一定の価格で買いたいとする買主の意思表示（承諾）がお互いに合致した場合に成立するものということができるでしょう。

　売買が成立しますと、売買の目的物が特定物であれば、その所有権は売主から買主へと移転することになります（176）。売主は買主に対して目的物を引き渡す義務を負担し（不動産であれば登記を移転する義務をも）、買主は反対に代金支払の義務を負担することとなります。この買主と売主の義務は相互に対価的な関係となりますから（一つの契約によってこのような対価的意義を有する二つの債権が生じる契約を双務契約といいます）、売主、買主は相互に、その義務については同時履行の抗弁権（相手方が自己の債務の履行をしてくれるまで自分も債務の履行を拒否することができる抗弁権のこと）を有することとなります（533）。

　民法の基本的な立場によれば、売買契約の当事者が「売りましょう」「買いましょう」という意思を表示し、これが合致すれば、これによって売買契

約が成立し、その時点で目的物の所有権が相手方に移転するのです（176）。目的物の所有権が移転するためには登記をするとか、物の引き渡しをするとかいうことが要求されるものではないのです（意思主義の立場）。

　もっとも、その契約当事者が売買契約の時点でなくその後しばらくしてから目的物の所有権を取得したいと考えるような場合には、それも可能で、それには、当事者間において特約すればいいのです。例えば、登記された時点において所有権が移転するものとするとか、代金が全額支払われた時点で所有権が移転するものとするとかということを特約しておくのです。

　このような特約がなされていない場合、契約の成立と同時に目的物の所有権が移転することになるわけです。もっとも、最近は、理論的にはそういえても、実際社会においては、不動産などの取引の場合、特に登記がされた時点で所有権が移転するとか、売買代金の支払いがされた時点で所有権が移転するという立場も有力に主張されています。取引の実態ということを考えると、このような立場についても相当の合理性があると思われます。

第3章　不動産取引と登記
──登記の仕組み──

【事　例】　私は、Aから家屋を購入し、代金も完納しました。ところが、Aは私に移転登記をしないまま、この家屋をBに売却し、登記も移転してしまいました。Bはまだ代金を払っていないようです。なんとかこの家を手に入れたいのですが、どうしたらいいのでしょうか。

　不動産あるいは動産の取引において、その所有権の移転ということが重要です。しかし、その重要な所有権がどこにあるかを人々に公示するための方法や、この所有権があることを第三者に対して主張し対抗するためにはどのような要件が必要とされるかが問題となってきます。
　そこで重要なのが、不動産取引における登記という存在であり、動産取引における占有という問題です。そこで、ここではまず、自分の権利を第三者に主張し対抗するための要件について、不動産取引における登記という問題から説明し、あわせて登記制度とについて簡単に検討しておくことにしましょう。

1　不動産取引における登記の機能

　不動産というものがどのようなものであるかは、すでに説明しました。一般的にいえば、若干の例外を別として「土地」と「建物」とがこれに該当すると理解しておけばいいでしょう。
　不動産取引とひと口にいっても、その形態はさまざまです。なかでも最も典型的な類型としては不動産の売買があります。また、他の類型としては、

抵当権などの担保権の設定や、その賃貸というような取引もありましょう。ここでは、この最も典型的な、所有権の移転を生じる取引である不動産売買を考えることにします。

　物の所有権は、例えば特定の不動産の売買という取引においては、契約の成立によって（売買という契約であれば、「売りましょう」「買いましょう」という申込みと承諾の意思表示の合致によって）生じることとなります（176）。

　ところで、さきにも所有権——これに限らず物権一般——の特質として説明しましたが、物権という権利は排他的な権利でありますから、同一の物について同一内容の物権が二重に成立することはないという性格（これを「一物一権主義」といいます）——一つの物には同一内容の所有権は同時には成立しない——があります。つまり、一個の物の所有権を数人が争うことになると一人が勝てば他の者はすべて負けということになります。

　このような意味からしますと、間違った所有者から所有権を買っても所有権は手に入りませんから、ある不動産の所有権がいったいどこにあるのかについては、この不動産についての取引関係に入ろうとする者にとっては極めて重要な関心事ということになりましょう。契約だけで不動産の所有権が移転してしまうとすれば、所有権者が次々と変わったような場合には、その不動産についての取引をしようとする者としては、だれを相手方として取引をすればいいのかわからなくなってしまいます。民法は、物権の移転などがあった場合に、このことが世の中の人たち一般にわかるようにその物についての権利関係が外見上明白となる措置をとっておくことを要求します。これを「公示の原則」といいます。

　特に不動産については登記という方法によって権利関係が公示されることとなりますが、これは同時に権利関係を第三者に対して主張し対抗するための要件ともなっています（177）。つまり、自分が不動産についての権利をいかに取得したとしても、これを登記しておかないと、たとえ実際に自分が真実の所有者と取引をし、代金を支払ったとしても、自分がその土地の所有者

となったことを第三者に対抗することはできなくなりますし、第三者が当該不動産についての所有権を取得して移転登記を得てしまえば、完全に権利を失います。

そこで、不動産取引におきましては、売買なら売買という契約がされた時点において、まず何よりも自分に移転登記をしてもらっておくことが重要ということになります。

例えば、次のようなケースを考えてみましょう。ある不動産の所有者であるAがその不動産をBに売却し、Bから代金の支払いを受けておきながら、まだ移転登記をしていなかったところ、Cから当該不動産についての購入方の申込みがされた。しかも、この申込みはBへ売却したよりもずっと高額での売却が可能なものであったところから、Bについては受領してあった代金を返却すればいいと考えたAが、Cへの売却を承諾し移転登記までしてしまったという事例です。

AがBに対して負担する責任の問題は別として、結局、Bは目的不動産についての所有権は取得することができないことになってしまうのです（177）。

ここで問題となるのは、一つの不動産について所有者をすでに一人の者に売却しておきながら、まだ登記を移転しないまま別人にも同一物権を売却してしまう、いわゆる二重譲渡をしたような場合です。

私たちが他人から不動産を購入した場合には、その所有権を取得するわけですが、どうしてそうなるかといいますと、売主がその物についての所有権を有していたからであるといってもいいでしょう。では、その売主が実は真実の所有権を有していなかった場合にはいったいどうなるでしょうか。権利をもっていない者がいかに権利を売ると言ってみても、ない権利を売ることはできません。ですから、買い受けた人がいかに無過失であり、善意であっても、ない所有権を取得できるわけがありません。たとえ登記が売主のところにあり、これが買主に移転されているとしても事情は同様です。例えば、Aがある土地の真実の権利者であり、登記を有していた場合に、Bが関係書類を偽造して所有権移転の偽造登記をして自分が所有者になりすましたとし

ましょう。そして、この登記が真実のものとして、善意・無過失のCに売却して登記をも移転したとしましょう。このようなケースを考えてみれば、いかに登記があっても権利自体はないのですから、これから権利を買っても取得することができないことは当然ですし、常識に合致しているといえましょう。不動産については、このような基本的なルールが支配しているといってもいいでしょう。

　このようなことを一応の前提としまして、次のような問題を考えておかなければなりません。つまり、この事例とは異なる場合として、真実の権利者から不動産を買い受けながら、その所有権の取得が否定される場合です。不動産の真実の所有権を有し、登記をも有しているAから、Bがこれを購入したけれども移転登記がされる前にさらにAから当該不動産を購入したCがある場合を考えると、次のようなことが問題となります。つまり、Bは、自分はCよりも先にAから当該不動産を買い受けたのだから、登記こそしていないが自分が権利者であると言いたいところでしょう。あるいは代金も支払っているし、目的物の引き渡しを受け、現に使用しているのだからということを主張するかもしれません。

　このような主張がされることは当然ですが、このことについては、前述のとおり、民法177条が規定しているのです。つまり、この規定によれば、不動産についての所有権を取得した者は、自分が所有者になったのだということを第三者に対して主張・対抗するためには移転登記を受けておかないとだめだということです。むろん、第三者に対する関係ですから、契約の当事者である売主に対する関係では登記は必要ありません。そこで、177条でいうところの「第三者」とはどのような範囲の者を指すのかが問題となります。この「第三者」とは何かということには種々の問題がありますが、一応は「当事者やこの相続人などの者以外の者であって当該物権変動の結果と法律上の正当な利害関係がある者」と理解しておくことにしましょう。

　例えば、売買の対象となった土地について突然に第三者が不法に占拠してしまったような場合に、他人から購入したけれども移転登記を受けていな

かった者が、このような不法占拠者を登記なくして追い出すことができるでしょうか。このような不法占拠者を保護する理由はないといえましょう。このような者は保護されるべき「正当な利害関係ある者」ということはできませんから、このことは当然でしょう。ここでは、この「第三者の範囲」について検討している余裕はありませんが、これに含まれる者の範囲については相当の議論があるのです。すでに他人が先に購入し代金を払っていることを知っている者（このような者を「悪意の第三者」といいます）が購入したような場合であっても保護を受ける「第三者」に含まれるのか、あるいはただ単に先の購入者を困らせてやろうというだけの者までも保護されるかなど、いろいろの問題が残されています。

　この問題は理屈だけでいえば、先に購入した者が所有権を取得しているのですから、売主に登記が残っていても権利はなくなってしまっていることになり、これからの購入者は無権利者から購入したわけで権利を取得することはできないということにもなりそうです。このような問題については学者の立場においてもさまざまな議論がなされておりますが、要するに、権利を売却してしまっても登記が残っている間はまだ完全に権利を喪失したわけではなく、不完全ながら権利は残っているから、この者から購入した者も全くの無権利者から購入したということとはならないという理論が主張されています。

　ここで先に指摘した問題点の一つとして「民法177条における第三者には〈悪意の第三者〉が含まれるか」という問題があります。つまり、既に当該不動産が他人に売却されているということを知りながら、登記がまだ売主にあるところから、あえてこれを買い取って移転登記を受けた者が177条によって保護されるのかという問題です。この点については、単に既に売却済であることを知っているということだけのことであるならば、自由競争を基本とする資本主義社会においてはこのような者を責めることはできないとして、悪意者であっても177条の保護を受けるとするのが通説・判例となっております。

不動産についての物権取得者は、登記を受けることによって自分の権利を第三者に対して主張することができるのですから、真実の所有者であっても、これが不動産について二重売りしたり、二重抵当に入れたりしたような場合、その登記を先にしたほうが権利を主張し、他の一方の譲受人に対抗することができることとなるのです。このことは民法 177 条の規定とともによく頭に入れておくことが必要です。もっとも、この場合に二重売りした所有者は、一種の債務不履行として損害賠償義務を負担するのは当然でしょう（415、416）。

　そうはいいながらも、先に登記をしたからといって、あまりにもひどい「第三者」を保護してやる必要はないはずです。そこで、判例は、そのような信義に反する「第三者」については、民法 177 条によって保護を受けることができない第三者としています（このような第三者を「背信的悪意者」といいます。なお最判昭和 43・8・2 など参照）。例えば、自分が必要ないような不動産について、先に購入したまま登記をしていない第三者がいることから、無償に近いような値段で買い取り、先に登記してしまって、未登記買主を困らせるとか、高額での買い取りを迫るとかいうような事案を考えることができましょう（なお、不動産登記法 5 条が参考となります）。

2　登記制度概説

　不動産の物権変動の対抗要件としての登記の重要性を説明してきたわけですが、ここで、不動産登記制度について検討しておくことにしましょう。

　「登記」とは、権利の客体である不動産についての権利関係や状況を、登記所という国の役所に備え付けられている一定の帳簿（登記簿）に記載して公示するものです。従来、この不動産登記簿としては、「土地登記簿」と「建物登記簿」が代表的なものでしたが、平成 17 年の不動産登記法の全面改正によって建物・土地を問わず一個の物権についてそれぞれコンピュータ記録として個別に記録されるようになりこのような土地登記簿とか建物登記簿な

どという区別をする制度はなくなってしまいました。

　登記簿は、不動産の所在地を管轄している登記所に備えられています。よく登記所に登記を見に行くなどといいますが、実は、この登記所というのは不動産の登記事務を担当している官署のことで、現実に登記所という役所があるわけではありません。正確にいいますと、法務局もしくは地方法務局またはそれらの支局もしくは出張所ということになります。

（1）　登記簿の構造

【事　例】　借金をして家を建てましたが、その際、その家に抵当権を設定しました。建物登記簿をとってみたのですが、抵当権登記についての見方がよくわかりません。この際、登記簿の見方について勉強したいのですが。

　不動産登記簿は、権利の客体とされている不動産を中心として記載されていました（物的編制主義）。つまり、一個の不動産を単位として登記が編制され、一筆の土地または一個の建物について一登記記録を作成することとなっており（不登法2条5、12）、数個の不動産を一括して一登記記録を作成することはできないこととなります。旧来の登記用紙は、土地については地番の順、建物については敷地の地番の順に集められ、簿冊として編制されてバインダー方式で保管されていました。平成17年の不動産登記法の法改正によって、登記簿を磁気ディスクに記録させて編制する方法が認められ、順次、このような方式が施行されてきています。新法では、不動産ごとのデータが登記記録として編集され、出力されるようにすれば足りることになったので、法律上土地登記簿と建物登記簿の区別は廃止されることになりました（不登法2条9）。

　登記記録は、「表題部」、「権利部」という二つの部分から構成されます（不登法2条、12条）。旧法では、登記用紙を「表題部」、「甲区」、「乙区」に区

別し、表題部には、権利の客体である土地・建物の現況を記載して権利の客体を表示し、甲区には、所有権に関する事項すなわち所有権の保存・変動を記載し、乙区には、所有権以外の権利（たとえば、地上権などの用益物権、あるいは質権、抵当権などの担保物権）の設定とその順序などが記載されることとされていました。表題部にされる登記を「表示に関する登記」、甲区・乙区にされる登記を「権利に関する登記」といいました。登記の本来の効力である対抗力は、表示の登記にはなく、権利の登記にしかありません（もっとも、借地借家法10条の場合には対抗要件としての効力を有しています）。これに対し、新法においては、登記記録は、「表題部」と「権利部」に区別し、表題部は、表示に関する登記がなされる部分をいい、権利部は権利に関する登記が記録される部分をいうことになります（《資料》参照）。もっとも、当面は、新法15条の委任に基づく省令により、現在の「甲区」と「乙区」に相当する区分を権利部に設けることとなっております（不動産登記規則4）。

　登記は、これをすることによって利益を受ける者（これを「登記権利者」という）と登記をすることによって不利益を受ける者（これを「登記義務者」という）の両者が共同して申請するのが原則です（不登法60）。なお、「表示に関する登記」については申請がなくても登記官が職権ですることができるものとされます。

(2) 登記手続と権利証

【事　例】　私は、自己所有の土地に建物を建築するために、銀行から融資を受けることになったのですが、抵当権設定登記をするために銀行から権利証を預かりたいと言われています。この権利証というのはいったいどのような書面で、法律的にはどのような機能を有しているのでしょうか。

不動産を目的物とする売買がなされ、これを登記する場合、原則として、売主と買主とが共同して登記申請書を提出し、登記の申請をすることが必要である（共同申請主義。なお、郵送による申請・オンライン申請も認められます）。

　オンライン申請の場合、申請人は、電子署名や電子証明書さらに、法務省オンライン申請システムに利用者登録をし、利用者ＩＤパスワードを取得しておかなければなりません。そして、「登記申請情報」「登記原因証明情報」「登記識別情報」「電子添付書類」などの情報を送信することにより申請をすることとなります。

　「登記識別情報」とは、旧法での「登記済証」（いわゆる権利証）の制度に代えて、本人確認手段として用意された制度です（不登法2条14）。この登記識別情報は、具体的には、12桁の英数字（Ａ～Ｚおよび0～9）の組合わせによるパスワードのような羅列情報となります。登記申請が完了したときに、登記所が登記名義人となった者に対し、この登記識別情報を通知し、その登記名義人が、次回の登記義務者として登記申請するに際し、この登記識別情報を提供することにより、本人であることの確認手段とすることになります。この登記識別情報は、物件と登記名義人ごとに通知されます。

　書面による申請の場合には、「登記申請書」および「登記原因証明情報」（たとえば「不動産売渡証」などの登記の原因となる事実または法律行為の存在を証明する情報である）や登記義務者である売主の権利に関する「登記済証」（いわゆる「権利証」といわれるもの。なお、オンライン指定庁における書面申請の場合には「登記識別情報」となる）、作成後3か月以内に発行された売主の印鑑証明書（不動産登記令16）、司法書士など代理人によって登記の申請をする場合には代理権を証する情報の提供が要求されます（同令7）。

　登記官は、登記申請書が提出されると、これを受け付け、その申請に受付番号を付すことになります（不登法19）。次に、この登記の申請書が要式を具備したものであるかどうかについて形式的な審査をします。そして、これが欠けている場合には申請を却下し、満たされていれば登記簿に記録するこ

表題部 (土地の表示)

所有者	番	番	番	番	番
何市何町壱参番地 山野太郎					

土地登記簿（表題部）

表題部 (土地の表示)						枚数
所在	①地番 ②地目 ③地積	壱参番壱 宅地	参弐〇・〇〇 ㎡	原因及びその日付 登記の日付		4
何市何町						5
						6
						7
						8
						9
						10
						11
						12
						13
						14
						15
						地図番号

（印）

第3章 不動産取引と登記

甲区（所有権）	順位番号
	事項欄
	順位番号
	事項欄
	順位番号
	事項欄

地番区域	何町
地番 家屋番号	13

土地登記簿（甲区用紙）

甲 区 （所有権）

順位番号 壱

事項欄

所有権移転
昭和六〇年参月弐〇日受付
第五六七号
原因　昭和六〇年壱月弐五日売買
所有者　何市何町壱参番地
　　　　山野太郎

法務大臣の命により
順位参番の登記を移記
昭和六壱年参月四日
（印）

順位番号 弐

事項欄

所有権移転請求権仮登記
昭和六弐年八月壱五日受付
第壱参四号
原因　昭和六弐年六月壱五日
代物弁済予約
権利者　株式会社　東西商会
何市何町弐参番六号
（印）

順位番号 参

事項欄

所有権移転
昭和六参年五月壱六日受付
第壱参壱七号
原因　昭和六参年参月弐五日
代物弁済契約
所有者　株式会社　東西商会
何市何町弐参番六号
（印）

所有権移転
平成弐年五月六日受付
第弐参四号
原因　平成弐年参月壱五日売買
所有者　何市何町壱弐番弐号
　　　　川野次郎
（印）

順位番号 四

事項欄

仮差押
平成参年参月弐四日受付
第弐参号
原因　平成参年参月壱四日
甲地方裁判所仮差押
債権者　株式会社　東亜商事
何市何町壱四番弐五号
（印）

順位番号 五

事項欄

四番仮差押登記抹消
平成参年四月八日受付
第弐参四号
原因　平成参年参月弐八日
取下
（印）

一丁

乙　区 （所有権以外の権利）	順位番号
	事項欄
	順位番号
	事項欄
	順位番号
	事項欄

土地登記簿（乙区用紙）

地番区域	何町
地番 家屋番号	13

順位番号	事項欄
壱	抵当権設定 昭和六弐年八月壱弐日受付 第五弐八号 原因　昭和六弐年六月壱五日 金銭消費貸借同日設定 債権額　金五百万円 利息　年九・五％ 債務者　何市何町五参番地 抵当権者　何市何町弐番六号 　　　　　株式会社　東西商会 　　　　　山野太郎
（所有権以外の権利に関する事項）　弐	壱番抵当権抹消 昭和六参年五月壱六日受付 第六五参号 原因　昭和六参年参月弐五日 弁済
参	根抵当権設定 平成参年四月弐五日受付 第壱九〇六号 原因　平成参年四月拾五日設定 極度額　金参千万円 債権の範囲　銀行取引 　　　　　　手形債権 　　　　　　小切手債権 確定期日　平成五年五月拾五日 債務者　何市何町壱弐番弐号 　　　　川野次郎 根抵当権者　何市何町七五番地 　　　　　　株式会社　南北商事
	事項欄

第3章　不動産取引と登記

符号	1	2	(附属建物の表示)
表 題 部			所 有 者
① 種類	物置	車庫	山野太郎
② 構造	木造スレート葺二階建	木造亜鉛メッキ鋼板葺平家建	何市何町壱参番地
③ 床面積 ㎡	一階 参四 二階 弐五 ○○ ○○	壱四 ○○	
原因及びその日付		昭和六壱年壱月弐五日新築	
登記の日付	昭和六〇年九月七日 ㊞	昭和六壱年弐月壱〇日 ㊞	

建物登記簿〔普通建物〕（表題部）

表題部				
所在	家屋番号	①種類 ②構造 ③床面積	原因及びその日付	登記の日付
何市何町壱参番地	弐六番	①店舗・居宅 ②鉄筋コンクリート造陸屋根二階建 ③一階 壱五〇〇〇 二階 壱五〇〇〇	昭和六〇年八月弐五日新築	昭和六〇年九月七日 ㊞

（主たる建物の表示）

一丁

全部事項証明書 (土地)

東京都新宿区西新宿4丁目329-8

【表　題　部】	（土　地　の　表　示）	調製 平成4年10月24日	地図番号	余白

【所　在】 新宿区西新宿四丁目　　　　　　　　　　　　　　　　　　　　　　　　余白

【①地　番】	【②地　目】	【③地　積】 m²	【原　因　及　び　そ　の　日　付】	【登　記　の　日　付】
439番2	宅地	139　66	339番から分筆	昭和59年5月22日
余白	余白	余白	昭和63年法務省令第37号附則第2条第2項の規定により移記 平成4年10月24日	

【甲　区】	（所　有　権　に　関　す　る　事　項）

【順位番号】	【登　記　の　目　的】	【受付年月日・受付番号】	【原　因】	【権　利　者　そ　の　他　の　事　項】
1	所有権移転	昭和63年8月22日 第35810号	昭和63年7月26日和解	所有者　新宿区市ヶ谷三丁目12番1号 東京織物有限会社 順位3番の登記を移記
	余白	余白	余白	昭和63年法務省令第37号附則第2条第2項の規定により移記 平成3年10月24日

【乙　区】	（所　有　権　以　外　の　権　利　に　関　す　る　事　項）

【順位番号】	【登　記　の　目　的】	【受付年月日・受付番号】	【原　因】	【権　利　者　そ　の　他　の　事　項】
1	根抵当権設定	昭和63年8月22日 第35761号	昭和63年8月22日設定	極度額　金3億円 債権の範囲　銀行取引手形債権小切手債権

＊　下線のあるものは抹消事項であることを示す。

東京都新宿区西新宿4丁目329－8　　　　　　　　　　　　　　　　　全部事項証明書　　（土地）

【順位番号】	【登記の目的】	【受付年月日・受付番号】	【原因】	【権利者その他の事項】
2	根抵当権設定	平成2年8月26日第23810号	平成2年8月18日設定	債務者　新宿区市ヶ谷一丁目12番1号 東京織物　有限会社 根抵当権者　千代田区大手町一丁目5番5号 株式会社　富士銀行 （取扱店　高田馬場支店） 共同担保　目録(て)第7837号 順位1番の登記を移記
				極度額　金6,000万円 債権の範囲　銀行取引　手形債権　小切手債権 債務者　新宿区市ヶ谷一丁目12番1号 東京織物　有限会社 根抵当権者　千代田区大手町一丁目5番5号 株式会社　富士銀行 （取扱店　高田馬場支店） 共同担保　目録(に)第3084号 順位2番の登記を移記
	余白	余白	余白	昭和63年法務省令第37号附則第2条第2項の規定により移記 平成3年10月24日

共　同　担　保　目　録

以　下　省　略

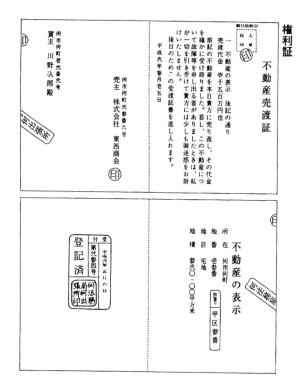

ととなり、登記は完了です。登記官のこの審査は・登記の申請が形式的な要件に合致しているかどうかの審査（形式的審査権）であり、その登記申請が真実の権利変動に合致しているかどうかの審査（実質的審査権）ではありません。なお、新不動産登記法では、登記を申請してきた者が、本人であるということを疑うに足りる相当な事由がある場合には、登記官は本人を確認することができるという権限が与えられました（不登法24）。

　このような手続を経て、登記が終了すると、登記権利者には、「登記識別情報」、「登記完了証」が通知される。「登記原因証明情報」は、登記簿の付属書類として受付から30年間保存され、一般の閲覧に供せられることとなります（不登法121②）。旧法での「登記済証」は、登記義務者に還付されます。したがって、次回の登記申請の際に当該不動産につき新たに登記名義

人となった者は、既に通知された「登記識別情報」をもって、本人確認手段とすることになります。

(3) 仮登記

【事　例】　私が購入しようとしている土地の登記簿謄本を取ってみましたら、すでに別人に仮登記がされております。売主は「あなたに本登記をするから大丈夫だ」と言ってくれますが、これを信用していいのでしょうか。

　ここで、比較的重要な登記制度である「仮登記」について説明しておきましょう。これは、将来の本登記の順位保全のためにあらかじめする準備登記ともいうべきものです。
　この仮登記は、次のような場合にすることができるものとされます。
① 　登記の申請をするについての手続上の条件が具備していない場合（不登法105①）
② 　売買契約の予約がされた場合のように、将来不動産についての目的物の所有権の移転を生じさせる請求権が生じた場合に、この請求権を保全するためにされる場合（105②）

　この仮登記自体には本来の対抗力はないのですが、将来のある時点において当該仮登記に基づく本登記がなされると、仮登記の時点から本登記があったのと同様の効力をもつこととされます（不登法106）。つまり、仮登記をした者は、後にこの仮登記を本登記とすることによって、仮登記時点以後に当該不動産について本登記を取得した者に対しても、自分の権利が優先することを主張することができることとなるわけです。たとえば、乙が甲からその所有する不動産を買い受けたけれどもまだ本登記をするについての手続上の条件がととのっていなかったために仮登記をしたところ、丙がその後甲から同一不動産を買い受けて本登記をしてしまったというような場合、乙の仮

登記についての本登記請求がなされると、これに対して丙は対抗することができないこととなり、丙の登記は乙の仮登記を本登記とする際に職権で抹消されることとなるのです（不登法109、68。なお、この際には、丙の承諾書が必要となります）。

　以上は、抵当権などの担保物権を設定する場合であっても同様となります。

　このような仮登記の効力のことを、「仮登記の順位保全効」といいます。本登記がされる前に仮登記をしておくというのは変則的ではありますが、売主の態度に不信が感じられるような場合には、この仮登記が相当に重要な機能を発揮することになります。また、逆に、不動産についての取引関係に入ろうとする者は、仮登記がなされていないかどうか十分に注意をする必要があるということになります。

第4章　動産取引と占有
―― 即時取得制度 ――

【事　例】　私は、格安だからということで勧められて、Aから鑑定書付のダイヤの指輪を購入しました。この品物について引き渡しを受けたのですが、次のような事態が生じてきた場合にはどうなりますか。
① その指輪は、Aが友人Bから借りていたものである場合
② その指輪は、AがBから盗んできたものである場合
③ その指輪は、Aが鑑定書などと一緒に道路で拾得したものである場合

1　動産と取引 ―― 不動産の場合と比較して ――

　権利があるとかないとかいってみても、およそ「権利」などというものは目に見えるものではありません。とはいいながら、権利を有しない者から権利を買っても権利を取得することができないというのは基本的な原則ですから（例外的な現象として、あとで説明する動産の即時取得の制度がありますが）、権利がどこにあるかということは、取引関係に入ろうとする者としては関心があるのは当然です。そこで、権利があるところを客観的に外部からわかるように何らかの手段で具体的示しておくということは重要なこととなります。特に物権については排他的な権利ですから、この要求がことに強いわけです。不動産については登記という手段でこれを社会に示す（このような、権利を社会に示す手段のことを「公示方法」といいます）ことになりま

すし、動産については登記によることはできませんから、その公示方法は占有とされています。つまりもっていることそれ自体が権利を公示するのです（188）。占有している者を特別の理由がない限り所有者とみるということで、動産に関する権利の公示方法としているわけです。

　すでに見てきましたように不動産についての権利の公示方法としての登記がありますが、この登記が実はインチキな登記であった場合に、これを信用して取引関係に入った第三者が救済されないことになっています。つまり不動産については、権利の公示方法であるところの登記を信用した者を救済する力（これを公信力といいます）がないのです（登記には公信力がない）。考えてみれば、不動産という存在については、取引の安全性ということを主眼とするよりも、真実の権利者の保護を考えることがどうしても重要となるからだといってもいいでしょう。そこで、不動産取引においては登記に公信力がないとされるのです。

　そのような観点からしますと、動産の場合については不動産とは違い、真実の権利者を保護する以上に取引の安全性がどうしても強調されることになります。

　ところで、不動産取引においては民法176条の規定によって、当事者の意思表示だけで権利変動は生じてしまいます。しかし、このようにして生じた権利変動については、これを第三者に対抗するために登記をすることが要求されます（177）。つまりAが自己の有する不動産をBに売却しながら、同時にCに二重譲渡したような場合が問題となるのですが、このことはAに真実の権利があることが前提となっているのです。ですから、Aに登記があっても実は所有権は別人にあるような場合には、今の理屈はあてはまりません。つまり、登記に公信力がないからです。

　動産の場合はどうでしょうか。動産の場合にも、当事の意思表示のみによって権利変動が生じますが（176）、このことを第三者に対抗するためには占有の移転を受けることが必要とされます（178）。その限りにおいては動産の場合も不動産の場合も占有移転と登記の移転という相違はあるものの、同様の

構造をもっているということとなります。

2 引き渡しの方法

　動産の権利変動の対抗要件としての占有移転、つまり引き渡しについて見ておきましょう。
　引き渡しには4つの方法があるとされています。
　その①は、「現実の引き渡し」です。これはいちばん簡単な方法です。つまり、実際に自己占有を有する者が自分の手もとにある動産を相手方に手渡す場合がこれです（182①）。これはだれでも簡単に理解することができましょう（図解①参照）。
　その②は、すでに所有者から動産を借りて引き渡されている者（この状態は所有者が占有代理人である借主を通じて代理占有していることとなります）が所有者からこの動産を買い取って引き渡しを受ける場合で、この場合には、売主がこれを「引き渡します」という意思を表明するだけで占有移転がされたこととなります（182②）。このような引き渡しの方法のことを「簡易の引き渡し」といいます（図解②参照）。
　その③は、売主がある動産を買主に売却したが、実際には品物を現実に引き渡さず、今度は、自分が借主としてこれを引き続いて借り受けて使い続ける（つまり、所有者としての使用から借主としての使用に変わる場合）場合で、この場合には、「これ以後は買主のために自己が占有します」ということを表示すればいいのであり、これ以降は占有移転があったとされます（183）。これを「占有改定」といいます（図解③参照）。これについては、客観的な外形の上からは占有の明白な移転がわからないだけに、いろいろの問題が出てきます。
　その④は、売主が動産を自分の代理人に預けてある場合、これを預けたまま他人に占有移転する場合です。つまり自分がある動産を倉庫業者に預け、そのままの状態で他人に占有を移転する場合には、自己の代理人である倉庫

AからBへの引き渡しの諸形態

① 現実の引き渡し（182条1項）

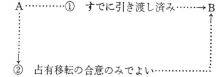

② 簡易の引き渡し（182条2項）

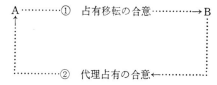

③ 占有改定（183条）

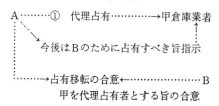

④ 指図による占有移転（184条）

業者に対して、以後は譲受人のために占有をすることを命じ、譲受人がこのことを承諾することで占有移転が生じるのです（184）。この場合に倉庫業者の承諾は必要ないという点に注意をしておきましょう。このような場合を「指図による占有移転」といいます（図解④参照）。

　そのようなことで、民法は動産に関する限り占有移転というかなり不明確な概念によって権利移転の対抗要件としています。そうなってきますと、このような不確実な権利の公示方法に依存する動産取引というのは非常に不安定なものとなります。そこで、動産の取引については、現に目的物を占有している者を過失なくして所有者と信用して、取引した者がある場合、このように公示方法が不完全なところを補ってやる制度が必要となってくるのです。

3 即時取得制度

　動産についての権利を公示する方法としての占有という制度が不動産についての権利の公示方法とされる登記と比べてみて公示方法として不完全なものであるということもあり、その不完全な権利公示制度を補完するという意味もあって、動産の場合については不動産の場合とは少々異なった取り扱いがされることになります。つまり、不動産の場合には登記を信用しても、登記がまちがっていたような場合には、取引関係に入った者は保護を受けることはありません。ローマ法の昔から言われる、「何人も自己の有する以上の権利を譲り渡すことはできない」というルールが、そのままあてはまることとなるのです。

　ところが動産の場合には、これとは違っています。例えば、ある動産を占有している者から、この者を所有者と信じて取引して取得した者がある場合において、たまたま占有者が真実の所有者ではなかったことが判明しても、取得者が占有者を真実の所有権者と信じ、しかもそう信じるについて無過失であり、最終的に目的物の引き渡しを受けたような場合は所有権を取得することになるのです（192）。これを動産取引における即時取得の制度といいます。これは動産についての取引の安全やその迅速性を考慮して置かれた規定でして、さきにも見てきたように、不動産と比較して動産の場合には、真実の権利者の権利を犠牲としても取引の安全性が強調されるわけです。

　即時取得制度が適用されるためにはどんな要件が必要か、簡単に説明しておきましょう。

　この制度が対象とするのは動産ということになります。つまり権利の公示方法を占有に依存している動産を対象としますから、自動車登録の対象とされる登録済自動車などは対象とはなりません。

　次に動産取引における信頼を保護する制度ですから、取引行為が介在しなければなりません。ここで取引行為というのは典型的には売買ですが、裁判

所における競売というようなものも取引とされますし、交換とか極端な場合には贈与さえも取引と理解されております。

この取引は平穏・公然のものであり、取引相手の占有者が権利者であるということを信じており、しかも信じることについて過失がないことが必要とされています。もちろんのこと、取得者が取引の相手方の占有の背後に所有権などの本権があることを信じ、自分も目的物についての引き渡しを受けて占有を取得したことが必要とされます。

この制度は、動産の売主が自分が所有者だと言うから、これを信じて動産を買い受けたりした者においては、実は譲渡人などが権利をもっていなくても権利を取得することができることとされるわけです。動産というものの性格に着目した制度ということとなりましょう。そして、このような無権利者から取引によって買受人が権利を取得してしまったことによって、真実の権利者は反射的に権利を喪失してしまうこととなります。

この即時取得の対象とされる権利は、典型的なものとして動産の所有権がありますが、これ以外にも動産譲渡担保権や動産質権を考えることができるでしょう。

注意しておきたいのは、次のようなことです。つまり動産の売主が要素の錯誤によって取引をした者からの取消の主張がされたり、制限能力者にあって制限行為能力者の行為であることを理由に契約を取り消したりした場合に、このような主張に対して即時取得が成立したとして、自分が権利を取得した旨を主張することができるかが問題となるわけですが、このような場合については、即時取得を主張して自分の権利取得を主張することはできないのです。このように制限能力を理由とする取消や錯誤取消、あるいは無権代理の主張などに対して即時取得をもって対抗することができることとなれば、これらの表意者保護の制度が動産に関する限りほとんど無意味となってしまう可能性があるからです。

4　盗品と遺失物の例外

　即時取得制度には例外がありまして、その取引の対象とされた動産であっても、これが盗品や遺失物であったような場合については、特に規定が置かれて特別の取り扱いがされています。このような場合であっても取引の保護ということは必要でありますが、だからといって取引のほうばかり保護するのは行きすぎになります。要するに即時取得という制度は、自分が他人を信用して動産の占有を与えた場合においては、その占有の回復を求めることができる相手は、占有を自分が与えた相手だけであるという性格（これは制度の歴史的な沿革などに理由があるのです）をもった制度ということができます。そこで、自分から他人を信用して動産の占有を渡した場合とはいえない遺失物や盗品ということになると、通常の場合とは多少異なってくることとなります。このような場合は、被害者は 2 年間に限って無償で品物の返還を求めることができます（193）。要するに取得者としては 2 年間経過するまでは完全には権利を取得することができないということです。

　また、盗品や遺失物であっても、これを同種の品物を販売する店や競売などで取得した場合には、所有者が返還請求をすることができる場合であっても、さらに、民法 193 条の規定の例外として、その代金の弁済を義務づけられることとなっています（194）。

第5章　時効制度

　権利の変動が生ずる事由として最も重要であり、多くの領域を占めているのが人の意思による行為である法律行為（典型的には契約を考えておきましょう）であることは、何人も否定しないでしょう。しかし、このような人間の意思にもとづく行為のみが権利変動を生じさせる原因となるものでもありません。時の経過による権利変動（得喪変更）の問題について見ておきましょう。

　例えば、他人の土地について、これをあたかも自分の土地であるかのように勝手に使用を続けていた者がある場合、この期間が長年に及ぶと、その土地の事実上の支配者がこの土地についての真実の権利を取得し、従来の権利者はその反射的効力として自分の土地の権利を喪失してしまうこととなるのです。これが「取得時効」という制度です。

　他人に金銭を貸し付けていた者があったとしましょう。返済の約束時期が来れば、貸主は返還を請求することができます。このように権利を行使ができるのに、「まあ、もう少し待ってやろう」などと考えて、貸主は催促もしないまま10年も経過し、この間、利子もとらないでおりますと、その者の債権は時効によって消滅してしまいます。これが「消滅時効」という制度です。

　このように、時効には性格を異にする二つの制度が設けられております。

　時効とは、本来あるべき姿とは異なる事実状態が長期間にわたって継続し続けている場合には、このような長期間にわたって継続した事実状態を尊重して、あるべき本来の状態を否定ないし無視して事実上の永続状態を保護してやろうという制度だといえます。しかし、いやしくも、他人の所有物についてこれを長期間にわたって勝手に使用し続けたというような状態が継続した場合に、その物の所有権などを取得できるのは、いったいどのような理屈から出てくるのでしょうか。そして、いかに長期間にわたったとはいえ、権

利を行使しないでいると本来の権利が消滅してしまうというのは、どういうことなのでしょうか。このようなことを考えだしますと、私たちは、時効という制度がなぜ存在するのかが根本的に疑問となってきます。時効制度の根拠はどこにあるのでしょうか。

　時効制度の存在理由については、通常は次のように説明されています。

　ある者が真実の権利を有していても、一定の時の経過によって、この権利の存在を証明するだけの証拠は散逸してしまうでしょう。いかにも権利者であるらしい外観を示している者が真実の権利者であるのか、それを否定する主張をしている者が本当の権利者であるのかについて証明するとしても、長い年月の経過がいずれをも不可能としてしまいます。そこで、時の経過が事実の立証を困難にすることを理由として、時効という制度によって権利関係を確定させる手段が認められているのだ、というのが一つの説明であります。要するに、だれが真実の権利者であるかということを詮索することなく、「時効だ」ということによって事件を解決できるようにしているのです。

　もう一つの存在根拠としては、単なる外観かもしれませんが、外観といえども、この状態が長期間継続するうちに、多くの人たちはこれを真実の権利関係と信じ、これを前提としての行動をするようになることは否定できない。そうなると、長期間が経過した時点で、従来の外観が真実と違っているということで真実の権利関係が回復されることとなった場合に、多くの人に迷惑をかけることを配慮して時効という制度があるというのです。つまり、社会秩序の維持というところに一つのねらいがあるというのです。

　更に時効の存在根拠としていかにも形式的ですが、昔からいわれるように「権利の上に眠れる者、法律はこれを保護せず」というような法のことわざがもち出されます。権利といえども、その上にあぐらをかいて眠っていてはいけないのであって、侵害者に対しては権利は戦いをもって守らねばならないこととなるのです。

　不法の者や、ずうずうしい人間を保護するかのように見える時効という制度にも、一応以上に説明したような存在根拠があるわけです。整理して記憶

しておいてください。

1　取得時効制度

【事　例】　私の家の庭に接する花壇は、私が子供のころから私の家で使っております。私が父を相続してから12年になりますが、最近まで私は、この花壇の部分の土地は、私が父から相続した正当な権利があるものと信じておりました。ところが、最近になって、隣のAさんが、この土地は自分の土地であり、これを私の父に貸していたのだと言ってきています。私が知る限りでも父は15年ぐらいこの土地を花壇としておりました。いったい権利関係はどうなりますか。

　取得時効が成立するための要件として所有の意思をもってする目的物の占有が必要とされます（162）。この所有の意思による占有を「自主占有」といいます。所有の意思とは所有者としてふるまう意思ということができます。そして、所有の意思の有無は、その占有の原因となったものの性格によって客観的に決まってくるとされます。例えば、賃貸借を原因として目的物を占有する者はあくまでも貸主の所有権を認めた上で借りているのですから所有の意思のない「他主占有」となりますし、売買を原因として占有している者はこれによって所有権を前提とする占有をしていることになりますから自主占有者ということになります。これについては185条参照）をもって、平穏、公然に他人の物を20年間も自分の物として扱っていたような場合、その物について所有権を時効によって取得することができます。このように、他人の物について長期間にわたって自己のものとして使い続けることによってその物を取得する制度が取得時効制度です（162）。

　右のような要件がある場合に20年で時効取得するのですが、この要件に

さらに次のような要件が加わってくると、10年間で取得時効が完成することとなります。つまり、占有の開始時点において占有者が、自己に正当の占有すべき権利があると信じ、そのように信じるについて過失がなかった場合です。

時効に関連して、占有権についていろいろの規定が置かれています。

占有者は所有の意思をもって善意、平穏、公然に占有するものとの推定が機能するとの186条1項や、ある時点において占有していたことが証明できて、それから永年が経過した時点でなお同一人が占有していることが証明できる場合には、その期間中ずっと占有は継続していたと推定されるという同条2項などの規定は、時効との関連で重要です。また、占有者は自己の占有のみを主張することができるだけではなく、自分の前主が有していた占有を自分のために主張をすることができるとする187条なども、重要な規定といってよいでしょう（この場合は相続などの包括承継人ばかりでなく、売買や贈与などのいわゆる「特定承継人」の立場でもいいこととなります）。

いずれも、時効の完成を証明するについて非常に便利な規定ということになります。

2　消滅時効制度

【事例】　私は最近父を亡くしたのですが、父の遺品から父の友人Aに対する貸金の証文が出てきました。
　　　　金額は五十万円ですが、返済期日から七年も経過しています。時効は大丈夫でしょうか。

権利があっても、これを行使しないでいると、時効によって権利は消滅してしまいます。これが消滅時効の制度です。時効にはさきに見た取得時効のほかに、このような消滅時効という制度があります。

この消滅時効の対象となる権利は、典型的なものとして債権がありますが

	時効起算点	遅滞時期
確定期限	期限到来時	期限到来時
不確定期限	期限到来時	期限到来を知った時
期限定めなし	債権成立時	履行請求がされた時期
停止条件付債権	条件成就時点	条件成就後、履行請求された時
不法行為損害賠償債権	損害発生時期	損害と加害者を知った時
返還時期を定めぬ消費貸借債権	債権成立後相当期間経過後	相当期間付催告と期間経過時点

（167①）、債権以外の権利も消滅時効にかかります（167②）。もっとも、所有権という物権は絶対不可侵の永久性を有する権利であるところから消滅時効にもかからないということを、しっかり記憶しておきましょう。所有権であってもこれを行使せずにほおっておいたところ、他人が勝手にその目的物を占有行使して時効の取得してしまった結果として本来の所有者の権利が失われることもあります。しかし、これは所有権を行使しなかったから所有権が消滅時効にかかったというのではありません。これは他人が目的物の所有権を時効取得したことの反射的効果ということになります。

　この消滅時効が一番問題となるのが債権です。債権の場合には二つの原則としての形態の消滅時効があります。その1が権利を行使することができることを知った時期から5年の経過があることです〔166①1〕。そして、その2が、権利を行使することができる時期から10年の経過があることです〔166①2〕。そうなってきますと多くの場合には権利者においては自分が権利行使をすることができる時期にはそのことを知っているのが普通ですから、5年の期間の経過によって時効は完成します。しかし、権利行使することができる時期になっていることを知らないというような場合には権利行使することができる時期から10年の経過によって時効が完成します。そこで問題はこの「権利の行使をすることができる時」というのがいつになるのかということです。少し具体的に説明しておくことにしましょう。まず、確定期限がつけられている場合（例えば「例年の5月5日には返しま

す」というような約束がされている場合）には当該期限の到来した時点から時効が進行します。期限の定めがされていないような場合，原則としては当該債権の成立時点から時効が進行することになります。そのように債権の形態によって進行時期は異なります。この問題が債務不履行としての履行遅滞がいつから生じるかという問題と比較されながら議論されることが多いです。そこで、ここでそのような観点から債権の種類に応じて消滅時効が進行を始めるのかを債務不履行としての履行遅滞の生じる時機とを一覧表にして整理しておくこととしましょう。

　注意をすべきことは、債権の消滅時効期間の例外として典型的な場合があります。一つは不法行為損害賠償債権の消滅時効ですが、民法724条では、不法行為による損害賠償債権については「被害者又はその法定代理人が損害及び加害者を知った時から3年間」で時効にかかるとしております（724第1号）。同時に、「不法行為の時から20年」で時効にかかるとしております。後者の20年の性格について争いがありましたが、平成29年民法改正によって、これが時効であるというように立法的に解決がつけられました。更に、この不法行為による損害賠償債権が「人の生命又は身体を害する不法行為による損害賠償請求権」である場合にはその時効期間は「被害者又はその法定代理人が損害及び加害者を知った時から5年間」とされております。「不法行為の時から20年」ということは変わりありません。守られるべき法益の重要性を考えてものであると思います（724条の2）。

　以上によって、時効制度のうちの取得時効と消滅時効について説明しました。このうち注意をしてほしいのは、消滅時効に関して所有権は消滅時効にかからないことです。つまり、所有権はいくら行使を怠っていても消滅時効にかからないのです。もっとも、このような説明をしますと、必ずといっていいくらい混乱する人が出てきます。「Aが自分の所有する土地を全く使用しないでほうっておいたから、この土地を勝手に利用した者が時効取得することとなり、結局はAの所有権は消滅時効にかかったということではないか？」という疑問がそれです。先にも説明をしたところですが、くりかえし

第4章　動産取引と占有　95

て説明すれば、これは所有権が消滅時効にかかったのではなく、他人が所有権を取得時効によって取得したことの反射的な効果ということになるのです。決して所有権が消滅時効にかかったのではありません。やはり、所有権はほうっておいたからといってそれだけで時効にかかるものではありません。

債権の時効期間は10年ないし5年ですが、その他の権利は20年が消滅時効期間とされています（167）。

3 時効の遡及効と時効の援用など

時効が完成しますと、その効果は起算点にまでさかのぼって生じます（144）。したがって、結局は権利が当初から取得者のところにあったことになりますから、時効期間中の占有は正当な占有だったものとされ、時効による利益を受ける者においては、土地の時効取得であれば占有期間中の賃料相当の損害賠償が問題とされたり、債権の消滅時効であれば時効期間中の利息を請求されたりすることはないわけです。要するに時効が遡及的効果を生じないとなると、占有期間中の違法が問題となりますから、このような遡及効が認められているのです。

ところで、時効の利益を得ようとする者においては、自分で時効の利益にあずかりたい旨を裁判所において主張することが必要とされています（消滅時効にあっては、保証人、物上保証人、第三取得者その他権利の消滅について正当な利益を有する者が含まれます）。結局は時効によって利益を受けようとする者は、必ず裁判手続を利用しなければならないことになります。要するに、時効は当事者がどう主張しようとしまいと当然に生じてしまうという制度とはなっていないのです。これは、時効によって義務を免れるなどということはいさぎよくないと考えるような者がいないとはいえませんし、このような者の意向を十分に尊重するということからくるのです。時効の利益を受けるかどうかについてはその者の意思にまかせるというわけです。この時効の利益を受けたいと主張することのできる者について具体的に説明すれ

ば、それは保証人、物上保証人（物上保証人とは。他人の借金のために自分の財産である土地などを提供してこれに抵当権を設定してやっている人のような立場の者のことです）その他その権利の消滅について正当な利益を有する者ということになります。

　民法は、同様の観点から、単に時効の主張をしないだけではなく、積極的に時効利益を放棄することも認めています。これは、時効が完成した場合にこの時点で時効の利益を放棄することができるのであって、時効完成前にすることができるものではありません（146）。

　時効の利益を放棄するには、時効が完成しているかどうかを認識している必要まではありません。具体的には「自分は時効の利益を受けません」という意思を積極的に表明するとか、時効完成後に債務の承認書を差し入れるとか、時効完成後に弁済するなどがこれに該当します。もっとも時効が完成してしまった後になって、これに気付かずに弁済の期限の猶予願いを出すとか債務があることを承認するとかいうような行為がされた場合には、時効利益の放棄がされたというよりも、このような行為がされた以上、なお時効を援用することは、信義誠実の原則に反して許されないと理解するのが判例・学説の立場といっていいでしょう。

4　消滅時効の完成を阻止する事由……. 完成猶予と更新

　消滅時効の完成を阻止する事由として「完成猶予」と「更新」という制度があります。時効の完成猶予という制度は、時効期間が進行しているときに、ある一定の事由がある場合にそのまま時効期間を進行させて時効を完成させてしまうのがいかにも不公平というか不合理ともいえるような事由が生じた場合にその時効の進行をそこでひとまず止めておいて，この事由がなくなったときなどから止めておいた時効期間が更に進行していくという制度です。

　時効の更新という制度は時効の進行期間中に一定の事由が生じた場合にその進行してきた時効期間をすべて精算してまた新たに進行をさせるという制

度がこれです（152①）。時効の完成猶予制度に「協議を行う旨の合意による完成猶予」という制度があります。これについてちょっと説明しておきましょう。これは時効が問題とされる権利について当事者で協議がされている間に時効が完成してしまったということになるのは不合理であります。そこで、民法 151 条においては「協議を行う旨の合意による時効の完成猶予」という制度を認めております。これは権利についての協議を行うということの合意書面(いわゆる電磁記録によるものも書面とみなされることになります)が作成された時には、その合意の時から 1 年間は時効の完成が猶予されるという制度です。裁判によらないで当事者の交渉によって紛争を解決しようとされている場合に協議中に時効が完成したしまったというのは困るからです。

　完成猶予事由については、①裁判上の請求等（147）、②強制執行等（148）、③仮差押え等（149）、④催告（150）、⑤未成年者であること等（158）、⑥夫婦間の権利（159）、⑦相続財産（160）、⑧天災等（161）、⑨協議による旨の合意（151）があります。このような事由が生じた場合には時効は完成猶予され、進行してきた時効期間についてあたかも時が止まったような状態になるのです。完成猶予の場合には、その事由がなくなってから 6 ヵ月間は時効が完成しないということとされます。完成猶予の事由から一定の場合には更新に移行する場合も認められます。

　いかにこれらについて整理して示しておくことに致しましょう。

民法	完成猶予事由	完成猶予期間	更新
147条	裁判上の請求 支払督促 訴え提起前の和解・調停 破産手続参加等	事由の終了まで (確定判決等による権利の確定なく終了した場合、その時から6ヵ月経過するまで)	事由が終了した時から (確定判決等により権利が確定した場合のみ) 169条により10年
148条	強制執行 担保権実行 留置権による競売等 財産開示手続	事由の終了まで (申立ての取下げ等による終了の場合、その時から6ヵ月経過するまで)	事由が終了した時から (申立ての取下げ等による終了の場合を除く)
149条	仮差押え 仮処分	事由終了から6ヵ月経過するまで	——
150条	催告 (催告による完成猶予中の再度の催告は不可) (合意による完成猶予中の催告不可)	催告から6ヵ月経過するまで	——
151条	協議を行う旨の合意 (合意による完成猶予中の再度の合意は可。ただし、本来の完成時から通算5年以内) (催告による完成猶予中の合意は不可)	次のいずれか早い時まで ・合意から1年経過時 ・合意による協議期間(1年未満)経過時 ・協議続行拒絶通知から6ヵ月経過時	——
158条	未成年者又は成年被後見人	行為能力取得又は法定代理人就職から6ヵ月経過するまで	——
159条	夫婦間	婚姻解消から6ヵ月経過するまで	——
160条	相続財産	相続人確定等から6ヵ月経過するまで	——
161条	天災等	障害消滅から3ヵ月経過するまで	——
152条	——	——	承認の時から

第Ⅲ編　契　約

第1章　契約とは何か

　物の所有権の移転であるとか、これに関係する債権・債務の発生原因となるいちばん大きな領域を占めるものとしては契約があります。契約は、広い意味では二人以上の当事者の相対立する意思表示の合致により成立するものですが、その中にあって狭義の契約ということとなりますと、これによって債権・債務を発生させるいわゆる債権契約（例えば売買契約とか賃貸借契約とか）がこれに当たります。

　民法は、この債権契約について、典型的な13種類のものを規定しております。贈与、売買、交換、消費貸借・使用貸借、賃貸借、雇用、請負、委任、寄託、組合、終身定期金、和解がそれです。この契約類型について分類すると次のようになります。

(1) 財産移転型契約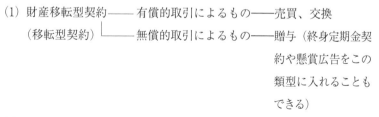
　　（移転型契約）

(2) 財産使用型契約
　　（使用型契約）

(3) 労務ないし事務処理型契約 ─┬─ 雇用
　　（労務型契約）　　　　　　├─ 請負
　　　　　　　　　　　　　　　└─ 委任

(4) 預託型契約──寄託（信託法および信託銀行法における信託もこれに入る）

(5) 団体形成型契約──組合（講もこれに入る）

(6) 法律関係確定型契約——和解（債務承認を契約によってする場合も
　　（相譲型契約）　　　これに入る）

1　契約自由の原則

　さきに民法の基本原理を説明し、この際に少しだけふれた問題に「契約自由の原則」があります。ここで再度この問題について説明をしておきましょう。特に、この契約は自由であるとする契約自由の原則が現代社会においてどのように変容しているかということが重要となっていますから、このような観点から説明しておきましょう。
　この原則は、次の四つの問題に分けて説明することができます。
① 　締結の自由
　　契約を締結するかしないかという問題は全く当事者の自由であって、これについて国家などが干渉することはないという原則です。契約は契約の申込みと承諾の合致によって成立するものですから、締結の自由は分析していえば、「申込みの自由」と、「承諾の自由」とになります。
② 　内容の自由
　　契約の内容は、それが公序良俗に反するような場合は別論として、どのような内容を有するものであっても自由であり、それなりの効力が与えられます。もちろん、重ねて言いますがその内容が公序良俗に反する契約は、契約としての効力をもちません。ですから、意思表示の合致があるとはいっても、殺人をすることを内容とするような契約や、麻薬の取引をするような契約が法的な効力を有しないことは、当然といっていいでしょう（民法90条参照、このことはのちに説明します）。
③ 　相手方選択の自由
　　契約を締結するについてどのような相手方を選ぶかということは自由であって、この点において強制されたりすることはないということが内容となります。

④ 方式の自由

契約の締結に際して、その方式はどのような形式でも自由であるという原則であり、契約は、その方式によって法的な効力の発生が妨害されたりすることはないという原則がこれにあたります。

⑤ 契約の自由とその変容

契約自由の原則は、個人自由の思想を基本とするものであって、個人主義法制のもとに極度な発展を遂げてきた制度といえましょう。それだけに、自由な人間の自由な意思に価値を認めようとするものでありまして、この原則が近代資本主義社会の発展という点においてたいへんな貢献があったことはまちがいありません。しかし、この原則も、やがて資本主義の発展に伴う極端な富の偏在による無視しがたいような矛盾や弊害によって、自由平等というような形式的平等論だけではまかないきれない諸問題を生じてくることとなります。労働者階級と資本家階級との間に越えがたいような溝が生じ、形式的平等をもってしては経済的強者と弱者との間の実質平等を確保することは困難な状態をもたらすこととなるのです。ここにおいて、契約自由の原則もその純粋の形態に変容を見せることとなるわけです。

ここで、この変容の具体的内容についての詳細な説明をする余地はありませんが、まず国家的独占事業、公共的独占事業、一定資格者の公共的事業その他いろいろの場面においてこの現象は発生してきていますし、ここにおいて大企業等の行なう普通取引約款なども、この問題に深く関係するようになってきているといってよいでしょう。この普通取引約款については、契約当事者もこれが契約の内容となるにもかかわらず定型的に印刷された契約書の各項目にいちいち目を通さずに契約されるのが普通といってもよいでしょう。また契約当事者の一方が力関係上の上位にあり、弱者とされる者や消費者などへ一方的に定型的な契約書面を押し付けるよう場合などに契約当事者に本当にそれに拘束される意思があったのかが問題になったりします。このようなことを解決するために民法中に「定型約款」という規定（548条の2ないし4）が設けられています（137頁以下参照）。

2　契約の分類はどのようにされているか

　契約をどのような種類に分類できるかについては、その機能的な側面を考慮するといろいろのものがあります。中でも重要な分類としては、「双務契約」と「片務契約」という分類と、「有償契約」と「無償契約」という分類が挙げられます。簡単に説明しておくことにしましょう。
　まず「双務契約」と「片務契約」の概念としては、契約の成立によって契約当事者が相互に対価的な意味を有する債務を負担しあう契約のことを「双務契約」といい、そうでない契約を「片務契約」といいます。
　どうしてこのような契約の分類が重要となるのかといいますと、双務契約においてはさきほどふれた同時履行の抗弁権の問題（533）、危険負担の問題（534以下、これについてはのちに説明します）、契約の解除の問題（540以下、これについてものちに説明します）などの問題が、検討されることとなるからです。つまり、双務契約の当事者においては、契約によって相互に牽連するところの債務を負担しあう（例えば物の売買ということであれば、買主は代金支払い義務、売主は物の引き渡し義務）わけですから、その一方が何らかの理由によって履行されないような場合においては、もう一方の債務はいったいどうなるのかということが問題となります。双務契約の当事者の一方が自己の債務の履行提供をしないまま牽連する反対債務の履行を要求した場合には、債務者は同時履行の抗弁権を行使することができますし、また例えば、双務契約によって生じた債務の一方が債務者の責めによらない事情で履行不能となったような場合（建物の売買契約にあって建物が引き渡し前に類焼したような場合）には反対債務はいったいどうなるのかというような危険負担の問題などが生じます。要するに危険負担の問題についていえば、売買の対象物の引き渡しを受けることができなくなった買主は、代金の支払い義務を負担することになるのかどうかというところが問題となるのです。このような問題を意識しますと、この契約分類は重要なものとなるわけです。

有償契約は、契約の当事者が、相互に対価としての意義を有する経済的負担としての出費（正確にいえば出捐）をするかどうかという分類であり、これがないものが無償契約となります。有償契約については、性質に反しない限りは売買の規定が準用されるという点が重要なところです（559）。

　有償契約はほとんどが双務契約であるといってよいのですから、この有償契約と双務契約とはほとんど重なりあっているということができます。ここで注意しておきたい契約類型に利息付消費貸借があります。この契約だけは有償契約でありながら、同時に片務契約とされています。そこで消費貸借は現実にお金が手渡された時点で成立します（587）。もっとも書面でする消費貸借契約は合意だけで成立します（587の2①）。しかし、丁度無償契約の典型である贈与の場合は諾成契約とされていますが（549）、現実の履行がされるまでは自由に解除できるものとされているのが参考となります（550）。つまり、契約が成立した段階で利息支払の義務が生じますから、お金の交付と利息の支払は牽連関係にはありませんが、利息は貸付の対価となるからです。

第 2 章　契約の成立

　契約というものをわかりやすくいえば、権利・義務関係を新たに発生させたり、その内容を変更させたり、消滅させたりする当事者の合意のことであるといってよいでしょう。例えば、物の売買、不動産の賃貸借、金銭の貸借、建築の請負といったものなどはみな契約ということになります。

　契約がされた場合には、これを原因として債権・債務という権利・義務が発生するのですが、それはなぜでしょうか。このことは極めて当然のことのような感じがするのですが、よく考えるとなかなか困難な問題なのです。この問題は、契約をする当事者がそのような結果を希望したというところに根拠を求めざるをえません。それは当事者の意思に根拠があるということとなりましょう（このような考え方を「意思主義」といいます）。このように民法は、私有財産制を前提として、私たちの自由な意思による財産処分行為についてこれを承認し、自由な意思による取引を認め、これに法的な効力を与えたものであるといっていいでしょう。

　そうはいっても、その契約が社会の秩序や善良なる風俗に反する場合には、法がこのような契約の効力を認めることを拒否することとなります（90）。例えば、いわゆる妾になる契約や、人を殺すことを内容とする契約などは当事者がいかに納得しているとしても法的な効力はありません。このように、公の秩序や善良の風俗に反する契約は無効となるわけです。

　民法は、手紙のやりとりのような形での契約を頭において契約の成立時期についての細かな規定を置いています。この規定は実務上において通信設備などが発達していますから、現在ではあまり実用的でない規定となってしまっています。

　次に、契約の当事者となる者という点について検討をしていきたいと思います。

契約の当事者となる者ということとなれば、権利能力の問題であり、行為能力の問題などが検討されなければなりません。しかし、この問題についてはすでに検討していますから、再度くり返すことは避けましょう。

ここでは契約の成立過程の問題として、契約の締結が代理人によってなされた場合について検討しておきましょう。つまり、ここでの問題は、代理方式でされた契約ということになります。

1　代理人による契約

【事　例】　甲は、自分は不動産についての知識がないところから、自分の土地を購入するに際して乙を自己の代理人として選任して丙と交渉させ、自己のために丙所有の土地を購入する契約を締結しました。その間、甲は丙と全く顔を合わせる機会もないままでしたが、このような場合であっても、契約は有効に成立することとなるのでしょうか。

代理という制度は、ある者（代理人）が他の者（本人）に代わって第三者（相手方）に対して意思表示をし、また第三者からの意思表示を受け、その法的効果だけが直接に本人に帰属する制度ということができましょう。

およそ一般の法律行為の理論からするならば、自分が直接に行為した者だけが、それから生じてくる法律効果を受けることとなるのが当然であるといえましょう。

ところが、現実の社会におきましては、代理人の行為を通じて本人が権利を得たり、義務を負担したりすることは極めて当然のこととされています。むしろ、今日の社会におきましては、代理制度を抜きにしては経済関係は成立しないといっても大げさではありません。代理制度の活用が経済活動の重要な要素となってきているということもできましょう。

このように代理制度の力を借りることによって、人はその事業の拡大化を図り、その営業活動の範囲を広げていくことが可能となるのです。

このような代理制度の機能を大きく分けますと、二つ（小分類では三つ）の機能に分類することができます。一つの機能は、「私的自治の補充の機能」ということができるでしょう。これは、いわゆる制限行為能力者制度と関連する問題ですが、われわ

れのこの社会においては、能力的に自分自身だけで完全な法律行為（契約は典型的な法律行為の一つです）をすることができない制限行為能力者という存在があります。あるいは、意思能力自体さえないような者が存在しております。制限行為能力者や精神病者、あるいは幼児などであっても権利を得、義務を負担することもあります（このような者が相続によって権利を取得する場合などを考えてみればいいでしょう）。そのような場合に、そのような者が自己の財産を処分し、他の財産権と換え、あるいは換金したいという場合には、いったいどうするのでしょうか。だれかが本人に代わって本人のために、その財産の処分をし、それを換金する手続きをしてやらねばならないでしょう。

このような場合に、代理制度が機能するのです。このような代理の機能は、私的自治の機能を補充するという意味をもっているといってよいでしょう（私的自治の補充機能の一）。

次に問題となるのは法人制度です。法人というのは、あくまでも観念的な制度にすぎません。それが自然人のように自分の手足を機能させたり、自分の頭脳を働かせて法律行為をしたりするものでもありません。要するにだれか自然人が法人の手足となって働かなければ、法人は法律行為などをすることはできません。そのような意味で法人には代表機関という制度が要求され、

第2章　契約の成立　109

この活動によって法人に法律効果が帰属するのです。法人の機関は代理人ではありませんが、ここでは広い意味における類似制度の問題として眺めておくことにしましょう（私的自治の補充機能の二）。
　代理制度のもう一つの機能としては「私的自治の拡張の機能」があります。この機能は、今日のように人間の社会的・経済的な活動の範囲の拡大化・専門化の中にあって、営利活動においても、代理制度を通じて本人の社会的・経済的活動の範囲を広げていくという機能を果しているということを指摘することができるのです。要するに人間は肉体的にも精神的能力においても限界がありますが、代理制度を通じて、この限界を打破することができることに意味があるのです。
　代理制度の機能は上記のようなものですが、結局のところ代理制度は、例えば甲の代理人乙が、自分が甲の代理人であることと、自分が代理人として本人のために行動していることを明確にして（顕名主義）、丙との契約を締結した場合に、その契約の効果があたかも甲と丙が直接契約をしたのと同様に、いきなり両者の間に契約関係を生じさせる制度ということができましょう。
　ある人が代理人となる場合としては、一般的には、①本人から代理権を授与されて代理人となる場合（任意代理）と、②本人から特に代理権を与えられた場合ではなく、例えば親権者というように親子という関係を生ずると当然に法律の規定から代理人とされる場合（法定代理の一）や、③本人以外の者であるところの家庭裁判所などから選任によって代理人となるような場合とがあります（法定代理の二）。前者の代理権の授与というやり方にはいろいろの場合がありますが、授権に際して本人から代理人となる者に対して委任状などを手渡して、代理権授与と代理権の範囲などについて明確にするという方法がとられることが多いようです。委任状の特殊の場合として白紙委任状が交付される場合があります。これは代理人となる人の欄であるとか授権内容とかについて白紙としておき、後日補充させるものですが、これが不当に補充されて問題となることが多いのでこのような委任状はできるだけ使

用しないほうがいいといえましょう。白紙委任状が不当に補充されて使用された場合には、表見代理法理によって本人が責任を負担することになりかねません。ところで代理権を与えられた者が，本人の利益を害するような意図で代理行為をした場合にはどうなるかが問題とされます。例えば、商品を代理人として買い付けすることについて代理権を授与された者が目的の商品を代理人として購入しても本人に渡さずに横領してしまう意図で代理行為をした場合などがどうなるかです。この場合には商品を代理人として買い付ける正当な代理権が与えられているのですから、取引の相手方が代理人がそのような不正の意図で行動しているということを知らなかった場合にはその代理行為は完全に有効な代理行為となってしまいます。有効な契約関係が本人と相手方との間で生じることとなります。しかし、条文においては代理行為は「本人のためにすることを示して」するということが書いてあります。だから、この意味は本人の利益をはかってされなければならないようにも読めますが、この条文の趣旨は、代理行為はその代理行為の効果が誰に帰属するのかをはっきりさせて行わなければならないということを言っているのです。民法99条1項が「代理人がその権限内において本人のためにすることを示してした意思表示は、本人に対して直接にその効力を生ずる」と規定しているのはその趣旨です。ですから、仮に代理人が自分の利益のために本人を裏切る意図で代理行為を行った場合であっても「自分は○○の代理人です」ということを示して行った行為は有効な代理行為となるのです。これは代理制度に対する信用性の確保ということからすればやむを得ないことです。しかし、問題はそのような場面での取引の相手方が代理人の意図を知りながらその代理取引に応じた場合をどう考えるかです。これについて民法107条は特別の規定を置いて「代理人が自己又は第三者の利益を図る目的で代理権の範囲内の行為をした場合において、相手方がその目的を知り又は知ることができたときは、その行為は代理権を有しない者がした行為とみなす」と規定して解決しております。これについても十分に注意が必要です。いわゆる「代理権の濫用」として議論される場合を規定しているのです。

代理権は、①本人の死亡、②代理人の死亡・後見開始の審判・破産によって消滅するほか、③代理権を与えた基礎となるところの委任とか雇用とかの法律関係が消滅したような場合にも消滅します。この代理が任意代理であるような場合には、本人または代理人のどちらからする場合であっても、代理権授与行為を解除することによって代理関係は消滅します。

　実際には代理権を有していない者が、あたかも代理権を正当に有している代理人であるかのように行動してしまった場合に問題が生じます。このように代理権がないのに代理人として行動したような場合のことを無権代理といいます。この無権代理にはいわゆる表見代理制度と狭義の無権代理制度とがあります。以下これらについて検討しましょう。

2　表見代理制度

【事例】

①　友人からの依頼によって、彼が銀行から1,000万円の融資を受ける際の保証人になることとし、白紙委任状、実印、印鑑証明を預けたところ、彼はこの書類等を利用して高利貸しから私を連帯保証人として500万円を借りたままで所在不明となってしまいました。

②　私のところは酒屋ですが、従来、得意先からの集金等をさせていたAが店をやめ、その直後に、まだ店で働いているようなふりをしてお得意先をまわって多額の金を集金して逃走してしまいました。

③　AはBから100万円の借金をする予定で電話で連絡を取り、Cを使いで行かせる旨連絡したが、急にCが信用できなくなり、自分で行くこととしました。ところが、このことを知ったCは、先回りしてAの代理人としてBから100万円を借りて逃走してしまいました。

無権代理には狭義の無権代理と表見代理とがありますが、ここではまず表見代理のほうから見ていきましょう。
　代理行為がされた場合にその行為の効果が直接に本人に及ぶのは、正当に代理権を授与された者がその代理権にもとづいて法律行為をしたからであって、代理制度を活用しようという当事者の意思が反映されたものといっていいでしょう。
　それでは、本人が代理権を全く与えていないのに、ある者が代理権を与えられた代理人として行動したような場合にはどうなるでしょうか。あるいは、一度授与された代理権が消滅したのちに、なお代理権があるような態度で、代理人だった者が代理行為をしたような場合だったらどうでしょうか。また現実に代理権が授与されていても、この代理権の範囲を超えるような行為がされたりしたような場合はどうでしょうか。
　存在していない代理権にもとづいてされた代理行為であるとか、あるいは存在はしているが、この代理権の範囲を超えた代理行為などというものは、本来からすれば本人と何らの関係もないはずです。
　ですから、このような行為によって、本人が直接の権利を取得したり、義務を負担したりすることはないのが当然です。しかしながら、このような場合であっても、本人と行為者である無権代理人との関係が全く無関係ではなく、その間に特殊な関係があるために、代理権をもたない者か代理人として行った行為の相手方にとっては、代理人と称して法律行為をした者を真実の代理人と信ずるのも無理はないような場合があります。このような場合には、代理制度というものの信用を維持し、取引の安全を図るといった趣旨から、本人を犠牲としてもしかたがないということで、本人にその代理人と称する者がした行為の結果についての全面的な責任をとらせることとし、代理権のない者がした行為であるから自分は関係ないとは言わせないようにしているのです。この制度がここで紹介する表見代理制度なのです。
　表見代理制度には、次の三種類があります。それぞれ無権代理との関係の上でどのようなところにあるのかについて簡単に図解しておきましょう。

第2章　契約の成立

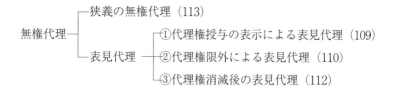

　表見代理の第一は、本人が代理人を選任したような表示をしたものの実は代理権を与えなかった場合に、代理行為がされて、取引の相手方が無過失で信用してしまった場合です。これを「代理権授与の表示による表見代理」といいます（109①）。例えば、請負人が下請に請負人名義での工事を許しているような場合においては、その材料の購入などについて代理権を授与したものとの表示をしたともいうことができるであろうし、白紙委任状を渡した者においては、これに補充された内容の代理権を与えた旨を表示していると理解することができる場合がありましょう。

　代理権を与えられた者がその権限を踏み越える行為を代理人として行なった場合であって、相手方がそのような行為を代理権の範囲内の行為であると信じ、信ずるのがもっともであるような状況がある場合に認められる表見代理制度が代理権限外行為による表見代理です（110）。例えば、代理権のある営業所主任が権限外の金額の小切手を振り出したとか、移転登記を依頼された代理人が、そのために預かっていた登記に必要な一件書類を悪用して本人の代理人として不動産を第三者に売却してしまったとか、一定額の借金のために実印を預かっていた代理人が、依頼された額を超えて借金をしたとかいう場合が、これに該当することとなります。

　「代理権授与の表示による表見代理」はその表見代理が授与したように表示した代理権の範囲を超えて表見代理が行われた際にも、相手方がその行為について代理権があると信ずべき正当理由があれば、その行為について本人は責任を負わねばなりません（109②）。例えば、当初代理人に山林売渡の代理権のみ与えると表示していたのに、代理人が勝手に交換契約をしてしまうというようなケースが考えられます。

代理人であった者が代理権が消滅してしまった後になっても、なお代理人のような顔をして代理人として行動してしまい、取引の相手方においても行為者がまだ代理人であると信用し、信用するについて正当な事由があるような場合代理権消滅後の表見代理です（112）。例えば、すでに解雇されている者が、まだ従業員であるようなふりをして集金をして逃走してしまったなどというような場合に、代理権消滅後の表見代理が成立する可能性があります。

　また、代理権消滅後に、与えられていた代理権の範囲を超えて元代理人が行為した場合にも、相手方がにその行為について代理権があると信ずべき正当理由があれば、その行為について本人は責任を負わねばなりません（112②）。例えば、本人（Ａ）が借金をする際に代理人（Ｂ）に実印を貸して金銭消費貸借契約締結の代理権を与え、融資実行され目的達成し、代理権は消滅した後に、ＢがＡの実印を利用して、Ｂ自らの借入に際して、勝手に自己債務の保証人とする旨の契約を締結したようなケースであります。

3　狭義の無権代理

　本人と無権代理人との間に表見代理が成立するような関係がなければ、代理人と称した者の行為について本人が責任をとる理由はないことになります。要するに、代理人と称する者に取引の相手方がだまされただけのことです。これが狭義の無権代理となります。もっとも、いろいろな事情があって、例えば自分の名前が使用された以上は後々の取引関係もあることだから全く知らないということもできないから自分が責任をとると本人が言うような場合には、その無権代理人の行為を後から認めるということもできます。そうしますと、無権代理行為は初めから有効であったこととされまして（116）、効力をもつこととなり、当初から代理権ある者がした行為と同様とされるのです。このように本人が認めてくれることを「無権代理行為の追認」といいます。

　本人が認めてくれない場合はどうなるのでしょうか。このような場合、相

手方は無権代理人の責任を追及する以外はないことになります。この責任はどういう内容となるかといいますと、実際的行為者に約束された契約内容を履行してもらうか損害賠償を払ってもらうかのどちらかです（117①）。履行してもらうといっても、本人が自分は関係ないと言ってこれに協力しませんから、結局は損害賠償を請求することとなるのが普通でしょう。

　無権代理人の相手方は、本人が無権代理行為を追認してくれるかどうかについては多分に関心があるのが普通です。そこで、行為の相手方は、本人がこの行為を追認してくれるかどうかについて返事をくれるように催告できることとなっています。もっとも、行為の相手方においては、本人が追認をする前であれば、自分から契約を取り消すことも可能です（115）。

　表見代理人や無権代理人の行為について本人との関係においては、勝手に本人の名を使って代理行為をしたのですから、これによって本人に損害を加えたような場合には不法行為（709）となりますし、むしろ利益があったような場合には事務管理（697以下）として処理されることになります。

第3章　契約の効力

1　契約と公序良俗

【事　例】　賭博で負けて多額の借金を負担してしまいました。どうしても払うように毎日請求を受けていますが、払わないとどうなるのでしょうか。

　契約の効力の問題と関連して、欠陥がある契約について考えてみましょう。契約はされたけれども、契約に欠陥があり、その欠陥が極端な場合には、そのまま契約どおりの効果を認めるとなると問題があるといわなければなりません。欠陥が極端であるような場合には、やはり契約としては無効となりますし、これが大したことはないといった程度の問題であれば、取り消すことができる程度になるかもしれません。

　契約が契約としての効力を有するためには、これを法律的な立場から承認することができるという必要があります。そうであるとすれば、契約が申込みと承諾の合致によって成立するとはいってみても、殺人を依頼する申込みとこれに一定の報酬を払うという合意とで有効な契約が成立するというわけにはいきません。有効な契約が成立するとなると、当事者においては約束どおり殺人をする必要があるし、これに対して報酬を支払う義務が発生することとなります。これが履行されなければ損害賠償を裁判を通じて取ることもできるということにもなりかねません。しかし、このような契約を有効として法がこれに助力するということになれば、法の自殺みたいなものです。このような契約を有効とすることはできないはずです。そのような意味で、契約は法がその成立を承認できるものでなければなりません。このことについ

て少し説明しておきましょう。

公の秩序、善良の風俗に反する契約は無効な契約とされます（90）。このような公序・良俗に反する契約は、次のように分類することができます。

① 強行規定に反する内容を有するもの

強行規定といいますのは、契約当事者の意思いかんにかかわりなく当然に適用される法規でありまして、それだけに契約の当事者の合意によっても排斥することができない性格をもったものです。例えば、物権に関する法規などや、親族関係に関する法規などの領域に属するものなどが典型的です。ですから、このような領域については、法が認めた一定の制度以外は認められないこととなります（例えば民法175条が規定する「物権法定主義」がいい例でしょう）。

② 人倫に反するもの

例えば、現在の妻を追い出すことを条件として結婚する約束というようなものを考えてみればいいでしょう。このような結婚の約束については法的に拘束力が生じてきません。

③ 正義の観念に反するもの

例えば、違法な談合行為によって締結された契約は無効となる可能性があります。

④ 他人の無思慮・窮迫に乗じてされた不当に利益を得る契約

例えば、限度を超えた不当に高額な違約金契約などがこれに該当します。

⑤ 個人の自由を極端に制限する契約

芸妓契約期間中は、結婚その他稼業に影響することは一切禁止して身分上の変更を許さないという契約などがこれに該当します。

⑥ 著しく射倖的な契約

例えば、賭博契約などがこれに該当します。

⑦ その他

受贈者が未来永劫にわたって目的物の所有権を譲渡しないことを約束して土地の譲渡を受けるというような、所有権制度そのものを破壊してしま

うような契約であるとか、訴は絶対に起こさないというような訴訟制度の趣旨に反するような契約、賭博の資金を貸与するというような違法・不法な動機にもとづく契約、他人の営業を著しく制限するような契約などは、具体的な事情によっては公序・良俗に反する契約ということとなります。

2 通謀虚偽表示と錯誤

【事例】
① 私は、サラ金からの借金の取り立てが厳しいので、自分の財産を隠すつもりで、友人に事情を話して自分の家屋を友人に売却したこととして登記も移転しました。もちろん、売却するつもりなんてありませんし、代金ももらっていません。ところが、この友人が私を裏切って、この家屋を第三者に売却してしまったのです。私の立場はどうなるでしょうか。
② 私は、Ａが所有している土地に地下鉄の駅が誘致されるという情報を得たので、Ａがこのことを知る前にこの土地を安く買い取ってしまおうと考え、Ａと売買契約を締結したのですが、この情報は誤りでしたので、契約はやめたいと思っています。可能でしょうか。

契約の締結にあたっては、外観上はいかにも当事者の契約意思が合致しているように見えるけれども、その実、一方の当事者に勘違いがあって、この誤解を前提にして契約が締結されていたような場合、契約はどうなるのでしょうか。あるいは、当事者に誤解こそないけれども、当事者双方がそのような契約をする真意がないままで、外見上だけで契約があったような客観的な状況をつくり出している場合であればどうでしょうか。

要するに、契約当事者の一方または双方において契約する真意が欠けているような場合に、契約の効力がどうなるのかが問題となるのです。このよう

な観点から、ここでは「単独虚偽表示」「通謀虚偽表示」「錯誤」といった問題を考えてみましょう。

(1) 単独虚偽表示（心裡留保）

自分が表示したことが自分の真意に合致せず、そのことを表意者自身が知っている場合が単独虚偽表示です。例えば、教師が大学の教壇で授業の話を進める関係で、話の材料として「では、この腕時計をあなたにあげましょう」とある学生に話したところ、その学生が「ではいただきましょう」と言ったら、贈与契約は成立するのでしょうか。このような場合のことを単独虚偽表示といいます（93）。

単独虚偽表示について民法は、原則としてこのような行為であっても有効であるとしております。意思がない以上は行為は無効という原則からしますと例外的ではありますが、いわゆる意思主義のルールを表示主義の原則が修正していると理解すればいいでしょう。しかしながら、有効といっても、この行為には意思がないという問題があります。そこで、法は、このような行為も有効であるとはしながらも、行為の相手方が意思のないことを知っている場合、あるいはちょっと注意すればそれがわかる場合には、行為はその相手方に対する関係においては無効となるとしております（93①）。しかしながら、このような場合であってもこの意思表示の無効はそのような事情を知らなかった（善意の）第三者（例えば、心裡留保としてされた不動産の贈与の受贈者からそのような事情を知らずに転売を受けた者）対抗することかできません（93②）。

(2) 通謀虚偽表示

本人だけが真意のないことがわかっている場合ではなく、法律行為の相手方もこれがわかっていて、双方か通謀してこのような行為をしている場合だ

とどうでしょうか。このように、契約の両当事者がその真意によらず、しかも双方がこのことを知っていながら、外形上からするとりっぱに契約をしていると見られる行為をしているような場合、これを通謀虚偽表示といいます。債権者から取り立てられることを恐れて、財産隠匿の手段として、友人と通謀して自分の不動産を友人に売却したような契約の外見をつくるような場合が典型的です。

　このような場合について、民法は次のように考えています。つまり、このような行為は意思のない行為ですから、原則として無効な行為です。しかし、この事情を知らない第三者が出てきた場合に、最後まで無効を貫き通すとなると、第三者はたまらないことになります。そこで、右の例でいえば、登記を預けた友人に対する関係では、あくまでも無効を主張できますが、この友人から当該財産を譲渡された利害関係を有する第三者が出てきた場合、その事情を知らない第三者に対しては行為が無効であることを対抗できないことになるのです（94②）。つまり、右の友人が、自分に登記があることをいいことに、この不動産を自分のものとして事情を知らない第三者に売却してしまった場合に、この不動産を買い受けた第三者に対して、その不動産は自分の所有物であるから、自分に返してほしいと主張することができなくなってしまいます。もちろん、この第三者がこのような事情を知っているような場合には、自分が所有者だからということが言えますが、この第三者が過失によってこれを知らなかったというような場合にも、所有権を主張することができないこととなります。

　この第三者とは、いったいどのような者のことをいうのかが問題となります。ここでは一応次のように理解することができましょう。通謀虚偽表示の当事者およびその包括承継人（典型的にはその相続人）以外の者であり、法律行為の目的ないし効果についての法律上の利害関係を有する者ということとなります。つまり、通謀虚偽表示によってつくり出された外形にもとづいて新たに当該通謀虚偽表示の当事者から独立した利益を有する法律関係に入り、通謀虚偽表示が有効であるか無効であるかについての利害の関係を有す

第3章　契約の効力　121

る者といっておきましょう。

　第三者に対して無効を主張することができないとは、その仮装行為が無効であることを自分から主張することができないということであり、例えば、不動産の仮装譲受人から善意でこれを譲渡された者に対しては、第一の譲渡は通謀虚偽表示であるから無効であるという主張を許さないということになり、結局は、善意の第三者の所有権の取得を認めざるをえないという結果となるわけです。例えば、善意の第三者が抵当権を取得した者であるならば、仮装譲渡人は所有権こそ失わないまでも、抵当権の制限を甘受しなければならないことになるのです。

　通謀虚偽表示の当事者およびその承継人以外の者が、当該通謀虚偽表示を無効であると主張することは認められております。例えば、不動産の仮装譲渡人の債権者は、この譲渡行為は無効であると主張して、この不動産を譲渡人の所有物として差し押えることは可能となります。

　善意の第三者に対しては、通謀虚偽表示の当事者はもとより、他の第三者においても、無効の主張をすることはできません。仮装譲受人から不動産の譲渡を受けた善意の第三者に対して、仮装譲渡人の債権者においても無効主張をすることができないことはもとより当然です。

　通謀虚偽表示の理論は、いろいろな場面で広く活用されますから、しっかり理解しておきたいものです。例えば、次のような事案においても、判例は通謀虚偽表示の理論を類推適用という形態で事案の解決に利用しています。つまり、Aが自己のためにBからその所有する土地を購入したけれども、自己のために移転登記をしておかないで、自分の身内のCのところに移転登記を勝手にしておいたとしましょう。ところが、このことにCが気がつき、「それでは」ということで土地を勝手にDに売却してしまい登記をも移転してしまったというような場合について、これは決してAとCが通謀してやった行為ではないけれども、第三者であるDの立場においては通謀虚偽表示の第三者の立場と同様でありますから、このような場合については通謀虚偽表示規定（94②）の類推適用が認められるというのです（最判昭50・4・25など）。

(3) 錯　誤

　錯誤というのは、表示された行為が実は表意者の内心と異なっており、このことについて表意者が気がついていない場合をいいます。民法は錯誤について、「その錯誤が法律行為の目的及び取引上の社会通念に照らして重要なものであるときは、取り消すことができる」と規定しています（95①）。一定の意思表示がされる場合に表意者は、まず、内心において一定の結果を希望します（内心的効果意思）。
　そして、次に、これを表示しようという心を固めます（表示意思）。それから、やおら表示行為（客観的表示行為）をすることとなるのです。
　以上の関係を図解しますと左のようになります。

　民法は錯誤が法律行為の目的及び取引上の社会通念に照して重要なものにわたるような場合に限定して、これにもとづく行為を取り消すことのできる行為としております。それではいったい、どのような錯誤が法律行為の目的及び取引上の社会通念に照して重要なものに該当することとなるのでしょうか。これについて二つの側面から基準が立てられています。つまり、もしも、そのような錯誤をしていることに当該行為者が気がついていたならば、そのようなことはしなかったであろうという関係があること（主観的要件）、同時に、普通人（社会一般の人）もそのような錯誤がなければそのような行為をしないであろうという関係が認められること（客観的要件）がそれに該当します。
　しかし、行為者が法律行為の目的及び取引上の社会通念に照して重要な錯誤をした場合にはその法律行為が取り消すことのできる行為となるというのは仕方がないのですが、これは取引の相手方の立場を犠牲とすることになるわけですから、あまりに一方的すぎるともいえましょう。そこで、民法は錯

誤者が重大な過失によってそのような錯誤をした場合においては、その法律行為を取り消すという主張をすることができないとしております（95③）。

ところで、錯誤については次のような形態があります。

① 「言い違い」とか「書き違い」などの錯誤がそれです。例えば、50,000円と書こうとして誤って500,000円と書いてしまったような場合がこれに該当します。これを「表示上の錯誤」といいます。

② 事実に関する内容について勘違いがあって法律行為をした場合、例えば、「ドル」も「ポンド」も外国のお金の単位であるから同価値であると考えて「100ドル」と記載すべき書類に「100ポンド」と記載してしまったような、内容についての錯誤がそれです。このような錯誤を「内容の錯誤」といいます。

③ 法律行為の動機に関する事実の錯誤があったような場合を3番目に挙げることができましょう。つまり、ある土地について地下鉄の駅ができるという情報を得たために、その予定地を購入したところが、実はそのような情報が全くの嘘であったような場合には、錯誤ということが問題となりそうです。このような錯誤を「動機の錯誤」といいます。これにつきましては、錯誤というものが前記のとおり、内心の効果意思と表示行為の間に食い違いがありそれを表意者が気がついていない場合と定義しますと、この動機の錯誤は「その土地を購入する」という内心の効果意思によって「その土地を購入しますから」といって表示行為をしているのだから錯誤はないのではないかという疑問が出てきます。そこで、民法の規定においては、動機にわたる事項が表示された場合に限定して、動機が法律行為の内容に取りこまれたということで、「表意者が法律行為の基礎とした事情についてのその認識が真実に反する錯誤」として取り消すことができます（95①2）。

考えてみれば、動機ということと、これが表示されるということとは矛盾するのではないかと思えます。これは難しい問題ですが、特に動機を表示しなくても、法律行為の性格や行為のされた場などの状況によっ

て相手方においても動機を知ることができるような場合においては、法律行為を取り消すことができるものとしてもいいのではないかとも考えます。特に錯誤においては、実際に問題となる例がほとんど動機の錯誤ですから、これは重要なことといってよいでしょう。

また、錯誤が表意者の重大な過失によるものであった場合には、意思表示の取り消しをすることはできませんが、①相手方が表意者に錯誤があることを知っていたり、又は重大な過失で知らなかったとき②相手方が同一の錯誤に陥っていたときには、本人に重過失があっても錯誤による意思表示を取り消すことができることとしました（95③）。これは、表意者の錯誤に重大な過失があっても原則として取り消すことはできないこととした上で、①と②の場合においては取り消すことは可能であるとすることにより、当事者双方にとってより公平な解決をすることができるといえるでしょう。

これらの意思表示の取り消しは、善意無過失の第三者に対抗することができないとされ、第三者保護が図られています（95④）。

3　詐欺による意思表示と強迫による意思表示

【事　例】
① 私は、強迫されてやむをえず自分の所有する不動産をBに安く売却して登記も移転しましたが、Bは代金も払わず、さっそくこれをCに売却してしまったようです。登記もすでに移転したようですが、この場合に不動産を取り戻すことはできないでしょうか。
② 私がBからだまされて不動産を売却した場合であれば、どうでしょうか。

契約が締結され、この契約に法的な効力が認められた場合、その契約から発生した債権・債務というものは、法的な強制力をもって実現させられる存

在となります。このような強力な権利や義務というものが、単なる合意を基礎とする契約によって生じるのはどうしてでしょうか。こんなことを言いますと、ばかにあたりまえのことを形式的な言い方をするといって非難されるかもしれません。でも、法律行為の基本にわたることでもありますから、少し考えておくことにしましょう。

　この点については、学説は次のように説明しようとします。まず、第一説の考え方は、契約当事者が相互に自由な意思によってそのように希望したのであるから、そのような法的効力が生じてくるように法が助力しているのだというのです。つまり、自由な意思の力がしからしめるのであるということとなりましょう。このような考え方を「意思主義」といいます。

　このような考え方に対して、次のような立場があります。意思の力ということだけで決めていくというのは意思を表示した者の立場にこだわりすぎるのであって、むしろ客観的な第三者などの立場や行為の相手方などの立場からすれば、行為者がどう考えようと、そのようなことは別問題で、それよりも外形的に見てそのような法律的な効果を引き出すと見られるような客観的な行為がされたのだから、これに対して法的な効力が授与されるのだという主張です。このような立場を「形式主義」ということができるでしょう。日本の民法では、どちらかといいますと意思主義の立場が採用されており、これを形式主義が修正しているというのが実情といえましょう。その典型的な場合としては、通謀虚偽表示が無効な行為とされるのは、十分に理解することができましょう。

　詐欺とか強迫とかによる法律行為の場合はどうなるでしょうか。だまされてした行為とか、強迫されてした行為とかについてはその契約の効果が問題とされなければならないでしょう。

(1) 詐欺による契約

　詐欺による契約を見ておくことにしましょう。詐欺とは他人を欺いて錯誤に陥れ、その結果として、その他人に、その錯誤にもとづいて意思表示（例えば契約の申込み）をさせるような故意のある行為ということとなりましょう（96）。

　ある意思表示が詐欺によってなされたものと認定されるためには、次の四つの要件が必要とされています。すなわち、①違法な欺罔行為があること、②詐欺の故意があること、③その欺罔行為によって被害者が錯誤に陥ったこと、④その錯誤にもとづいて被害者が法律行為をしたこと、がそれです。これらの要件がある場合に詐欺による法律行為となるわけです。図解すると次頁に示したとおりです。つまり、民法上の詐欺の構造は、まず、被欺罔者を錯誤に陥れ、その錯誤に陥っている状態で契約を締結させてしまう──つまり、単なるガラス玉を高価な宝石であるかのように相手方に思いこませる場合、そうしようとする故意と、この錯誤を前提としてこのガラス玉を高価で購入させようとする故意との二段階の故意が必要となり、この故意にもとづいて相手方を騙す行為がなされ、その結果として行為の相手方が、騙されて、そのガラス玉を高価な宝石と信じこみ、高額で買い取る契約をするという経過をたどるものです。ですから、ただ単に相手方を錯誤に陥れてやろうとい故意だけを有してはいるが、相手方にその錯誤によって法律行為をさせようとする気がなければ、詐欺の故意とはいえないことになります。

　違法な欺罔行為という点にも問題がありまして、どの程度の行為をした場合に違法となるかもなかなか困難な問題といえましょう。一般の経済社会においても、嘘やハッタリもある程度までは駆け引きということで許される場合だってあります。結局は、その行為のなされる具体的な場とか、当事者の立場とかが考慮されることとなりましょう。例えば、夜店の屋台でされた取引と銀座の一流の老舗でされた取引とを比べてみれば、前者においては許さ

れるような嘘やハッタリも、後者においては許されるとはいえないでしょう。結局、信義誠実の原則からして、そのような行為が詐欺を構成するような違法な欺罔行為となるか否かが判断されなくてはならないのです。

　詐欺によってされた法律行為は、取り消すことができる法律行為となります（96①）。契約が取り消されますとその行為はどうなるかといいますと、当初からそのような行為はなかったこととなります（121）。そうなりますと、例えば売買契約であれば、これが取り消されますと、すでに引き渡してある品物は返還してもらえることとなりますし、受領していた代金については相手方に返済することとなります。問題となるのは、例えば、その売買の対象とされた品物がすでに買い主の手を離れてしまって、これが第三者の手もとに渡っているような場合です。このような場合であっても、契約が取り消されて、当初から契約がされていない状態となったのであれば品物は返還してくれといえそうです。しかし、そうなりますと、あまりにも取引の安全が害されてしまいます。そこで、詐欺を理由とする取り消しがされた場合については民法は特に規定を置き、品物が第三者の手に渡ってしまっているような場合、この第三者が善意・無過失（つまり、それが詐欺によって騙し取られた品であったことを知らず、知らなかったことに過失のないこと）であれば、もはや品物を返還してくれということをその第三者に対しては言えないとし

ています（96③）。

　騙された人も気の毒ですが、騙されるには騙されるだけの理由があることが多いし、それなりに油断があったり欲があったりするからだともいえましょう。事情を知らずに品物を購入したような者を犠牲としてまで、詐欺の被害者を救済することはできないというわけです。

　問題は、被害の対象が不動産である場合です。不動産の所有者を騙してこれを買い受けた者が、これを第三者に売却して登記まで移転してしまったけれども、第三者が悪意者（その不動産が騙し取った物であることを知っていた者）であった場合、被害者は契約を取り消して不動産の返還や登記の移転や抹消を求めることができます。しかし、この第三者が出てくる前（要するに加害者の手もとにまだ不動産がある場合）に契約の取り消しをして、すぐに登記の回復措置をとっておけばいいものをその措置をとらないでいたところ、加害者が、この不動産を第三者に売却して登記まで移転してしまった場合には、どうなるのでしょうか。

　判例の立場は、取消によって契約は当初からなかったことになるとはいっても、やはり、その実態はいったん移転した所有権が復帰してくるのだと理解し、この戻ってくる物権変動と、あとに登記が残っているということをいいことにして加害者からなされた第三者への物権変動とが二つ競合する関係となるのだと理解するのです。そうなれば、必然的にさきに説明した177条の規定によって処理されます（62頁以下参照）。これによれば、先に登記をしてしまった者がかりに悪意者であっても勝つことになります。加害者から購入した者が先に登記をしていますから、真実の所有者は権利を取り戻すことができないこととなりましょう。

　詐欺の場合の変わった形態としては第三者の詐欺があります。取引の相手方が詐欺するのではなく、例えば、AをBが騙してCとの取引をさせてしまったというようなケースがこれに該当します。

　このような場合、取引の相手方であるCが、第三者であるAがBを騙してくれたから、騙されたBがこのようなCとの取引に応じてくれているのだと

いうことを知っている場合又は知らなかったとしても過失がある場合にBは、契約を取り消して、その結果を相手方に主張することができるとしております（96②）。

(2) 強迫による契約

　強迫による契約は、他人から違法なやり方で脅されたために畏怖した結果、相手方からの害悪の及ぶことを避けるために心ならずにした契約です。この強迫による契約は、詐欺による契約とよく似ています。詐欺の場合と同様に、被害者は、その契約から生じる結果について十分にわかっているという点においても同様です。その内心の効果意思が決定される過程において、他人からの不当・違法な干渉があるという点においても同様です。また、その構造も詐欺による契約と非常によく似ています。強迫による契約というのも詐欺による契約と同様に考えることができます。
　故意という側面において二段の故意が要求されます。相手方を畏怖させようとする故意が第一段の故意、そして、その畏怖状態を前提として契約をさせようというのが第二段の故意となります。
　強迫行為は、一定の害悪またはその可能性を相手方に告知し、相手を畏怖させるものであれば、その内容は、財産的なものであろうと精神的なものであろうと、現在のものであろうと将来のものであろうと、差し支えないものとされております。問題は詐欺の場合と同様に強迫行為が違法なものでなくてはならないという点ですが、一般的にいえば、概して強迫行為のほうが詐欺行為よりも違法性が強いということはいえそうですから、あまり問題はないかもしれません。
　よく問題となるケースでは、犯罪行為を行なった者に対して、この行為を告発するぞといって強迫するようなものがあります。犯罪行為を知りえた場合にはこれを告発したりすることは、ある意味では国民の義務といった側面があります。ですから、これは正当な権利であるといえるかもしれません。

しかしながら、これを不正な目的と結合させて利用すれば、それは違法な強迫行為となってきます。一般的に威圧行為とこれによって達成しようとした目的との相関関係において行為全体の違法性が決まってくるといってよいでしょう。

違法行為によって被害者が現実に畏怖したことが必要とされます。因果関係についても、詐欺の場合と同様に理解すればいいでしょう。

強迫による契約ということになりますと、これは被害者においていつでも取り消すことができるとされます（96①）。そして、詐欺の場合と比較して最も大きな違いとされる点は、強迫による取り消しの効果は善意・無過失の第三者に対しても当然に対抗することができる点です（96③の反対解釈）。また、第三者がした強迫の場合にも、詐欺による契約の場合と異なり、被害者の知不知・有過失無過失に関係なく、取り消しをもってだれにでも対抗できるとされる点も重要です（96③の反対解釈）。結局は、詐欺による被害者についてよりも、強迫による被害者のほうをより強く保護しようという態度を民法はとるわけです。この実質的な理由というのは必ずしも明白ではありませんが、詐欺の場合にはだまされるほうにも相当の落ち度がある場合が多いけれども、強迫の場合については詐欺の場合に比較して帰責程度が弱いといってもいいのかもしれません。

強迫の場合、不動産取引に関連しての問題については、詐欺の場合に説明したと同様に、取り消し後に利害関係をもつこととなった者との関係では、民法177条によって処理することとなります。

第4章　契約の解除

【事　例】　私は、自分の家をBに売却しました。しかし、Bは約束の期日になっても売買代金を支払おうとしません。「代金の支払いは数日だけ待ってくれ」と言われ一日延ばしにされております。最近Bよりももっとよい条件でこの家を購入したいという人がありますし、Bとの約束はもうやめてしまいたいのですが…。

1　その意義と要件

　契約の相手が自分の債務の履行をしない場合、契約の相手方はどうしたらいいのでしょうか。このような契約当事者の一方が約束を果してくれないような場合には、他方をどのようにして救済したらいいのかが問題となります。契約は契約だからということで、あくまでも約束を守らない債務者について契約内容の履行を求め、法律上の手続きによって強制的に実行するというのも一つの方法ですし（これを現実的履行の強制といいます）、また、それが債務者が故意や過失などでされた債務不履行ということであるならば損害賠償を請求することもできましょう（415以下）。
　しかし、そのような諸手段によるとなれば、自分自身が相手方に負担しているところの債務についてもきちんと履行しておくことが要求されるのは当然です。そこで、考えようによっては、相手方がそのように不誠実な人ならば、もう一切の関係をなくして自分の債務についても関係ないということできれいに清算し、それでなお相手方の故意や過失により生じた損害がある場合にはその損害だけは払ってもらうという形で処理できないかといいたくなります。そこで便利な制度に契約の解除があります。

解除という制度は、双務契約の一方当事者において、その一方的な意思表示によって契約関係を当初からなかったこととする制度のことといえばいいでしょう（540）。この解除には三種類があり、一つは法定解除といい、特に法律が規定している要件を具備した場合にすることができるものです。その二は、いわゆる約定解除であり、契約に際して当事者間で手附の交付などがされ、交付者においては手附放棄、相手方においては手附倍返しによって契約を解除することが認められるように予め一定の方法によって契約を解除することができることが約定されている場合の解除がそれです。その三は合意解除で、当事者双方の合意で契約を解除する合意解除です。ここでは、法定解除について簡単に紹介しておきます。法定解除が認められる場合としては、次のような場合があります。

① 契約の相手方が履行遅滞の状態にあること

　このような場合には、債権者は相当期間を定めて催告し、その期間内に履行がされないような場合には契約を解除することができます（541）。要するに相手方に対して「現在まで履行してくれていないが、履行するつもりがあるなら、○○日まで待ってやるから、そこまでに履行してください。」という最後通牒をするという趣旨があるわけです。もっともその遅滞が契約及び取引上の社会通念に照して軽微である場合には解除することはできません（541 ただし書）。

　契約によって生じたある種の債務については、約束された一定の時期に履行がされないと契約をした趣旨が無意味となってしまう場合があります。例えば、自分の結婚式に貸し衣装ではなくて自分だけのウェディングドレスを着ようと考えて、結婚式一週間前までに完成し着用できるようにということでウェディングドレスを作成する契約をしたところ、注文を受けた者が日にちを一ヵ月も勘違いしてしまってとても結婚式には間に合わないこととなってしまった場合を考えてみてください。この場合に相当期間を定めた催告なんて要りますか、と言いたくなってきます。このように一定の時期にきちんと給付がされないと契約が意味をな

さない行為を目的とする契約のことを、「定期行為を目的とする契約」といいます。そして、このような定期行為の場合には、不履行であれば相当期間の催告なしに、いきなり解除することができます（542）。この定期行為には、契約の性格から当然定期行為とされるものと（例えば、クリスマスイブのためのケーキというようなもの）、特約によって定期行為となるもの（例えば、ある人の誕生日のためのバースデイケーキというようなもの）とがあります。

どちらについても扱いは同様ですから、あまり区別の実益はありません。

② 債務者の債務が履行不能となった場合

債務者の負担する債務の内容の一部または全部が履行不能となった場合、債権者は催告を要しないで契約を解除することができます。

ある意味では契約の目的が達成できなくなったのですから、当然といえるでしょう。

③ 債務についての不完全履行がされた場合

不完全履行というのは債務の履行はあったものの、その履行内容自体が不完全で債務の本旨にそぐわない場合であって、債務者の責めによる事由にもとづく場合のことをいいます。このような不完全な点が債務者の行為によって追完することができる性格を有するものであれば履行遅滞の場合に準じて処理し、それができないようならば一種の履行不能として処理することとなります。

2 契約解除の効果

契約が解除されますと、当該契約は当初からなかったこととされます（545）。すでに売買代金が払ってあればこの返還を請求することとなりますし、受領している品物は返還することとなります。この関係は一種の原状回復義務といえましょう（545①）。契約がなかったということになると不履行債務者に故意や過失があったとして損害賠償義務が生じるのかという関係にお

いても、その基礎となる筈の債権関係は消滅してしまうことになりそうですが、この点については特に規定を置き、解除された場合であっても損害賠償の請求ができるとされております（545④）。その損害賠償の額は、売主、買主の各債務を清算した上で、なお一方がこうむっている損害額がこれに該当することになります。例えば、10万円である品物を売却した売主が、その目的物の引き渡しをしないので買主が催告の上で契約を解除したとしましょう。解除当時その品物の時価は13万円であったとしますと、解除されないままで目的の品物の引き渡しがされていれば、買主は時価と買値との間の差額の3万円の利益をあげていたはずでありますから、単に売主も買主も自分の義務を免れたという関係だけではすまされない問題として、この3万円が問題となります。つまり、履行をしていなかったことが責務者（売主）の責に帰すべき事由による場合には買主が本来取得するはずであった差額の3万円については、やはり売主が損害賠償することになるわけです（545④）。

3　契約解除と第三者

　民法545条1項ただし書は、解除は第三者の権利を害することができないと規定しております。この規定はなかなか重要なことを言っていますので、簡単にふれておきましょう。

　解除には遡及効（はじめに遡って契約関係はなかったこととする効果のこと）がありますから、例えば、動産の売買がされ、品物が引き渡され、その後に代金の支払いがされないということで解除がされたと仮定します。契約はなかったこととされますから、買主は権利を取得しなかったことになり、この買主からさらにこれを買った者は、やはり権利を取得できないことになるはずです（即時取得もできないことは、即時取得を説明した際の解説からわかるでしょう。理論的にのみ考えますと、無権利者である買主から取得した者は権利を取得することができないことになります。それでは困るということでここでは一種の遡及効を制限するための規定として545条1項ただし

書が置かれたわけです。この規定のために、買主から権利を取得した者の権利だけは消滅しません。もちろん、この規定は解除の遡及効を制限する規定ですから、解除権が行使された時点においてすでに存在している第三者が対象とされるのは当然です。解除権行使後に生じてきた第三者との関係は、取消などの場合と同様に対抗要件の問題として解決されることとなります。

第5章　定型約款について

【事　例】　私は、甲保険会社との間で、火災保険契約を締結しました。その際にはあらかじめ同会社が作成している定型的・画一的な印刷文書をわたされ、これに署名捺印することで契約しました。保険の類型がAパターン、Bパターン、Cパターンと三種類があり、私はその中からBパターンを選択して契約しました。その後私の知らないところで時代に合わなくなったということでその内容が改訂されておりました。このような場合にも私は、この改訂内容に拘束されるのでしょうか。

1　普通取引約款の意義

　従来から多くの定型的取引や大量的な取引について普通取引約款が利用されています。電気、ガス、運送、旅行、引越、保険、クレジットカード、預金などの取引などが典型的です。多くの場合、消費者等はあらかじめ印刷された契約書面をちらっと見ただけで丹念に読むようなことはまれであるといえましょう。そのような意味でこのような約款に法的な効力を有する合意ありということで拘束力が生じるのか問題があるといえましょう。たしかに、このような約款は、大量の取引を合理的・効率的に行うため意義があるということができますから、実際の運用では、このような約款は原則有効とされています。

　このような普通取引約款には様々な問題があるにもかかわらず、民法にはこれに関する規定が全くなかったことから、民法において明確な規定を置くということになり新設されたものが「定型約款」です。

2 「定型約款」とは何か

「定型約款」とは、定型取引を行う合意を内容とする条項の前提となる約款のことです。この定型取引とは、特定の者が不特定多数の者を相手方として行う取引であって、その内容の全部または一部が画一的であることが契約当事者双方にとって合理的なものである取引のことです。契約当事者が①このような約款を契約内容として合意した場合であり、②定型約款を準備した者があらかじめ当該約款を契約の内容とする旨を相手方に示していた場合には約款の各条項について合意があったものとみなされることになります（548の2①）。したがって、これが不特定多数の者を相手にしないものだったり、当事者間で個別的にその条項を検討するようなことが予定されたりするような雛形などは定型約款ということはできません。

この定型約款が予定する場合は企業対消費者個人の取引という場合が多いと思われますが、先の条件が満たされていれば企業対企業や個人対個人となる場合もないとは言えません。

3 「定型約款」に対する規制

定型約款中における条項で、①相手方の権利を制限し、または相手方の義務を加重し、②その定型取引の態様及びその実情並びに取引上の社会通念に照らして信義則に反して相手方の利益を一方的に害するものについては、合意をしなかったものとみなされますので、そのような場合には当該条項についての拘束力は生じないことになります（548の2②）。

定型取引を行い、又はこれを行おうとする定型約款の準備者は定型取引合意の前または定型取引合意の後相当の期間内に相手方から請求があった場合には、遅滞なく、相当な方法で、その定型約款の内容を示さなければならないとされております（548の3①）。したがって取引前に正当な理由なくこ

れを開示しなかった場合には、その約款に合意したことにはなりません。

　もっとも、あらかじめ「定型約款」を記載した書面を交付し、または電磁的記録で提供していた場合には例外とされ、改めてこれ示す必要はありません。

4　「定型約款」の変更の際に気をつけなければならないこと

　「定型約款」の内容とされたものが、時間経過や状況の変化に応じて変更の必要に迫られる場合もあり得ます。そこで、これを変更するについては、特に個別の合意を必要とせずに一定の要件の下にこれが認められており、その要件は、①変更が相手方の一般の利益に適合する場合、または②変更が契約をした目的に反せず、かつ、変更の必要性、変更後の内容の相当性、定型約款の変更をすることがある旨の定めの有無及びその内容その他の変更に係る事情に照らして合理的なものである場合とされています（548の4①）。

　「定型定款」の変更を行うにあたっては、変更の効力発生時期を定めたうえで、定型約款を変更すること、変更後の定型約款の内容、その効力発生時期についてインターネットの利用その他の適切な方法によって周知しなければならないものとされます。特に②の「変更が、契約をした目的に反せず、かつ、変更の必要性、変更後の内容の相当性、定型約款の変更をすることがある旨の定めの有無及びその内容その他の変更に係る事情に照らして合理的なものである場合」にされる変更の場合には、効力発生時期が到来するまでに周知をしなければ、その効力を生じないとされています（548の4③）。

第6章　売買契約

【事　例】
1　私は、甲から建物を買い取り、その引き渡しと移転登記をしてもらったのですが、後になって調べたら床下にシロアリが巣食っていて、大幅な修繕措置をとらなければならないことがわかりました。この場合にはそこにかかった費用の損害賠償を求めたり、場合によってはこの契約を解除してしまうことは可能なのでしょうか。

2　私は、甲から災害に備えて発電機を購入しました。しかし、どうも機械が予定されている出力を出すことができないものですから、何度か甲に修繕をしてもらいました。しかし、結局はだめでした。甲に対してどのような請求をすることができるのでしょうか。

1　一番契約らしい契約といえば

　売買契約とは、契約当事者の一方がある財産権を相手方に移転することを約束し、相手方がこれに対してその代金を支払うことを約束することによって効力が生ずる契約ということになります（555）。資本主義社会においてやはり等価交換ということを基本とする売買契約が典型的な契約ということができます。その意味で売買契約はいわゆる有償契約であるし双務契約であるということになります。また当事者同士の単純な口頭の合意によって契約は成立します（諾成契約）。そのようなことですから、売買契約は一番契約らしい契約ということになりますが、同時に民法が認める有償契約の代表的契約ということになります。そこで、民法559条は、性質がこれを許さないよ

うな場合は例外として売買契約の規定は売買以外の有償契約に準用するものとしております。従って売買契約に規定されているところはその性質に反しない限り他の有償契約に当てはまるということになりますから、例えば、手付などの規定も他の有償契約に当てはまることになりますし、引渡し前の果実の帰属などの問題についても同様です。あるいは担保責任に関する規定なども当然に準用されることになります。

　そこで、売買について少し説明をしておくことが他の有償契約を理解することにもなると思います。

2　手付

　売買契約は当事者の合意によって成立する諾成契約です。そこで売買契約の成立に関係する問題として「手付」について説明しておきましょう。比較的大きな買物……例えば、宅地や建物などを購入するときに買主が売主に一定のお金などの有価物を渡すことがあります。これが手金とか手付とか呼ばれます。これについては、①契約が成立したことの証拠となるもの（証約手付）、②契約違反があった場合に没収されるもの（違約手付）、③契約を解除する権利を確保するためのもの（解約手付）があるといわれております。民法は、このうちの解約手付について規定しております。民法557条1項は「買主が売主に手付を交付したときは、買主はその手付を放棄し売主はその倍額を現実に提供して、契約の解除をすることができる。ただし、その相手方が契約の履行に着手した後は、この限りではない」と規定しております。いわゆる「手付損、手付倍返し」といわれることが規定に盛り込まれたのです。すでに解除の説明の際に触れた合意解除といわれる類型がこれにあたります。ここで多くの議論があるのは「履行の着手」とは何かという問題となりますが、判例は、履行そのものではなくとも履行に密接な行為がされた場合が履行の着手であるといいます。例えば、「履行の提供をするために欠くことのできない前提行為をしたこと」（最大判昭40・11・24）とか「履行期到来後に、

売主に対してしばしば明け渡しを求め、明け渡しがあればその時点で代金の支払いができるだけの準備がされていたような場合」(最判昭33・6・5) などが履行の着手に該当するとしております。ローンを組んだなどというような行為がこれに該当するかどうか困難な問題でもあります。

3 売買契約の効果として

　売買契約の効果として特定物に関しては原則として契約と同時に(不特定物の場合には特定と同時に)目的物の所有権は売主から買主に移転することとなります(176)。しかしながら、売主は、目的物引渡しまでに生じてきた果実をとることができます(575①)。買主は、対象物の引き渡しがあったときから代金の利息支払義務を負担することとなります(575②)。
　売主においては、完全なる権利を買主に引き渡すことが要求されます。そこで、不動産の売買であれば登記を移転するなどの対抗要件を備えさせる義務を生じます(560)。他人の物の売主は、その所有権を取得してこれを引渡義務が生じます(561)。
　売主は、買主に対して契約の内容に適合する目的物の給付をする義務を負担することになります。この義務は売買の対象物が特定物であろうと不特定物であろうと共通して適用される義務ということになりますから引き渡された目的物が契約の内容に適合しないものである場合には債務は履行されていないことになり(債務未履行状態)、これに対して債権者の救済がされることになります。具体的には、その修補であったり代替物の引き渡しなどの手段によるいわゆる履行の追完請求が認められます(562①本文)。さらにこの追完請求に対してこれがなされないような場合には代金の減額請求も認められることになります(563)。また、契約の内容に適合する目的物を給付する義務への違反の性格が債務不履行と考えられておりますところから民法415条の規定による損害賠償の請求を求めることもできることになります(564)。さらに、民法541条、542条に規定によって契約の解除を求めるこ

ともできることになっております（564）。

　売主が契約の目的物についての種類又は品質に関して契約の内容に適合しない目的物を買主に引き渡した場合においては、買主がその不適合を知った時から1年内にそのことを相手方に通知しないときには、その不適合を理由とする「履行追完の請求」、「代金減額の請求」、「損害賠償の請求」及び「契約の解除」をすることができなくなります。ただし、この期間制限は、売主が引き渡しの時にその不適合を知っているか、重大な過失によってそれを知らなかった場合にはこれらの権利は失われることはありません。

　売買目的物が特定した場合においてこれが引き渡された場合、それ以降にその目的物が契約当事者双方の責任によらない自由で滅失又は損傷した場合には、買主はその滅失又は損傷を理由とする「履行追完の請求」、「代金減額の請求」、「損害賠償の請求」及び「契約の解除」をすることができなくなります（567①）。また、売主が売買契約の内容に適合する目的物を債務の履行として提供したにもかかわらず、買主がその受領を拒み、又は受領することができない場合においては、その提供がされた時点以降に売買契約の当事者の責任によらない自由で目的物が滅失又は損傷した場合にも、同様に買主はその滅失又は損傷を理由とする「履行追完の請求」、「代金減額の請求」、「損害賠償の請求」及び「契約の解除」をすることができなくなります（567②）。

第7章　不動産の賃貸借

　賃貸借は、貸主が借主に対してある物の使用・収益をさせることを約束し、これに対して借主が借賃（賃料）を払うことを約束することによって成立する契約のことです（601）。
　私たちが生活に必要なすべての物を所有権取得によってまかなうことができれば、これにこしたことはありません。しかし現実の生活はそうはいきません。特に人間生活に必須のものでありながら高額な土地や建物となりますとなおさらです。そこで、多くの場合にはこれを借り受けることによってまかなうのが普通の人達です。ここに土地建物の賃貸借が重要な契約となるわけです。
　賃貸借契約については民法が規定しています。しかし、民法は不動産の賃貸借に限定して規定しているわけではありません。そこで、家を建てるための土地の賃貸借や建物や部屋の賃貸借については民法の特別法である借地借家法が規定することになります。また、農地などについては農地法が規定しています。とりわけ借地借家法の考え方は、人間相互の間において経済的に優越的な地位を有する貸主と、経済的弱者としての借主との間に生ずる不合理性を解決するために民法の規定を大きく修正して弱者である借主保護をはかります。その具体的な内容をもつ債権である不動産賃借権について一種の物権に類する性格を与えようとします。例えば、その賃借権についての登記をしておけば債権でありながらその賃借権は物権と同様に賃借権を第三者に対抗することができると民法は規定しています（605）。しかしながら、不動産賃借人には登記を求める権利（登記請求権）がありませんから、その登記は容易にすることができるものではありません（登記は登記権利者と登記義務者の共同申請が要求されるから）借地借家法10条においては、土地の借主が当該土地上に建物を建築して所有し、この建物の登記をきちんと自分名

義で済ませしているならば底地となる土地の賃借権の対抗要件を備えたことになり、物権と同様に自分が賃借権者であることを第三者（例えば、当該土地を所有者から買い受けた者）に対して主張できることになります（借地借家法10）。また、建物や部屋の借主は、その引き渡しさえ受けておけば同様に賃借権者としての地位を第三者に対しても主張することができることになります（借地借家法31）。また、後にも説明するように借地借家法においては不動産賃貸借の期間についても長期化するような措置をとっており、その権利者の地位が強く保護されております。

1　賃貸借の期間

【事　例】　昭和二十五年に父が土地を借りて木造建物を建築しました。最近、父が亡くなって、私がこの建物を相続し、賃借料も払っております。契約の期間が定められておりません。いったい、いつまで私に借地権はあることとなるのでしょうか。

　民法によれば、賃貸借期間は、特約をしても50年を越えることができないし、これを越えた特約は50年に短縮されます（604）。その趣旨は、賃貸借という権利は絶対権である所有権に制限を加えるものであり、これがあまりに長いこと存在すると所有権の実態を喪失させることになるからです。

（1）　借地権の期間

　建物所有目的の借地権については従来借地法が規定しておりました。しかし、これについて先年法改正がされ、借地借家法が新たに規定され、施行されております。新法によりますと、旧法によって成立した借地契約については、その期間や契約の更新という点についてはそのまま旧法の適用を受け続

けるとされておりますから、まず簡単に旧法に触れましょう。

　旧借地法によれば、当事者が期間の定めをしない場合にはそこに建てる建物が鉄筋コンクリートなどである場合は60年、普通の木造建物である場合が30年となります。当事者が特約をした場合であっても前者のような建物について30年未満、後者について20年未満の定めをしても無効となり、六〇年、三〇年となってしまいます。そして、この期間の満期がきた段階で更新が認められると前の契約と同期間の契約期間が認められます。

（2）　借地権と更新

　新借地借家法はどうでしょうか。こちらでは普通の借地権については一律に30年ということにしました。特約で30年以上を決めればそれは有効ですが、それ未満の場合には30年になります（3）。更新される場合、一回目の更新は20年、それ以降は10年となります（4）。
　賃貸借期間が満了しても建物が残っており、賃借人が使っている場合には貸主が異義を述べないと更新されます（619、借地借家法5）。貸主が意義を述べるためには、貸主側に更新を拒否するだけの正当事由がなければなりません。この「正当事由」とは何かが問題となりますが、単に自分が利用する必要があるというだけではだめで、借地人側と貸主側の事情とを比較し、貸主側の必要性の方が高い場合にはじめて貸主側に正当事由が認められます（最判昭37・6・6）。この点は新法は旧法も変わりがないのですが、新法の方が正当事由の内容が旧法よりも具体的に書かれております（5、6）。とりわけ、貸主が立退料や新しい場所を借りる費用を出したような場合にはこれによって正当事由を補うことができることなども明文化されました。
　借地人が、期間満了後に積極的に更新を求めてきた場合はどうでしょうか。貸主はこれを拒否するためにはやはり「正当事由」がいります。これも旧法も新法も同じです。ここでこれを詳しく説明している余裕がありませんから、期間満了した場合の経過について図解しておきましょう（図―1）。

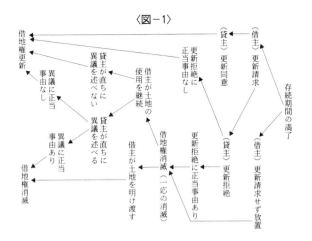

〈図−1〉

（3） 新しい類型の借地権

　新法は、従来の借地権の他に更新や後にみる建物買取請求権などを認めないいわゆる「定期借地権」が認められました。この定期借地権には3つの類型があり、①一般定期借地権（22）、②建物譲渡特約付借地権（24）、③事業用借地権（23）がこれに該当いたします。

　これらの各制度の特色を簡単に示しておけば、①の場合には、その使用目的には特別の制約はなく、存続期間を50年以上とし、契約は公正証書その他の書面ですることが必要とされ、特約をすれば建物買取請求権さえ排除することができます。もちろん、期間満了によって当然に消滅する借地権となります。②の場合は、存続期間は30年以上のものとされ、借地権設定後30年以上経過した時点で建物が相当の対価で地主に譲渡されることがあらかじめ約定され、その実現で契約関係が終了することになります。ここでは性格上、建物買取請求権は問題となりません。③の場合には、住宅ではないところの事業用建物の所有を目的とするものであり、この場合には公正証書による契約が必要とされ、期間は10年以上20年以下とされます。もちろん、期間の満了によって当然に借地契約は終了します。この借地権には建物買取請

求権も認められませんから、借地人は契約終了後には建物を収去して土地を明け渡さなければならないことになります。

(4) 借家権の場合

　借地借家法は、右とは異なった構造を有しており、一年未満の借家契約期間を定めた場合には、期間の定めのない賃貸借がされたものとみなし (29)、解約の申し入れ自体についての正当事由がなければならないとし (28)、期限を定めた場合であっても更新拒絶については、拒絶するについての正当事由が必要とされるという形式によって契約の継続が図られております。しかも、この「正当事由」というのはなかなか認められることが難しくて、判例においても「自分が使用することを必要」とする場合であっても、容易には正当事由と認めない傾向があるといってよいでしょう。そしてまた、同時に借家法においては、期間の定めがある借家契約を終了させるためには、その期間満了前6ヵ月ないし1年内に相手方に対して契約更新を拒絶する旨を通知することが必要とされますし (26①)、この通知をした場合においても、その期間が満了したあと借家人が引き続いて家屋を使用し続けている場合には遅滞なく異議を述べることが要求されております (26②)。

　まとめて言えば次のようになります。借家契約を解除するためには、解約についての正当な事由があり、解約申込みをして6ヵ月が経過したこと、およびその時点で利用が継続されている場合には遅滞なく異議を述べることが必要となるわけです。ここで参考とするために、借家期間が2年ないし3年ということで、これがどう扱われるかについて、簡単な図解をしてみることにしましょう (図—2)。

　ところで借家契約の終了が認められた場合においても貸借人においては、いわゆる造作買取り請求権が認められます (33)。つまり、借家契約期間中に借家人が賃貸人の同意を得て建物に付加したもので、そのことによって建物の価値を高めているものがある場合、借家人の請求によって賃貸人はこれ

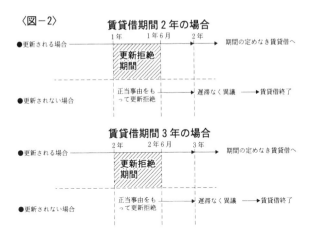

を時価で買い取ることとなります。この権利は一種の形成権とされており、買取請求権の行使の意思表示がされると当然に売買契約は成立したこととなる点が特徴的です。

(5) 新しい類型の借家権

　借家の場合にも借地権と同じように新しい類型がいくつかつくられました。貸主が転勤とか病気療養とかのやむを得ない事情によって建物を一定期間だけ自己の生活の本拠として使用できないような場合は、対象建物が一定期間後には取り壊される予定があるような場合について、やはり契約の更新を認めない「期限付建物賃貸借」や「取壊し予定建物賃貸借」が認められました。この契約については契約の方式として「やむをえない事情」を記載した書面ないし「一定期間経過後に当該建物を取壊すべき事情」を記載した書面によって契約をすることが要求されております（38、39）。

2　その他の問題点

　借地・借家法の問題について簡単な説明をしましたが、その他で記憶して

おいたほうがいい問題についてつけ加えておくことにしましょう。

　不動産賃貸借は一種の債権ですが、登記することができる権利です（不動産登記法3条8号）。しかし、賃借人は登記請求権をもっていませんから、債務者が積極的に登記に協力してくれませんと、登記は事実上不可能となります。それでも貸主の同意・協力が得られて登記がされればこの賃借権は対抗要件を具備したものとなり、第三者に対抗でき、一種の物権に類する権利となるのです。しかし、不動産賃貸借といっても民法上は債権ですから、賃借権の登記がされていなければその効力としては、債権者として債務者に利用を請求することができるだけの権利となります。ですから、賃貸人が目的物を第三者に譲渡してしまえば、賃借権者としての地位をこの第三者に対抗することができないのです。このようなことを昔から、「売買は賃貸借を破る」といっています。ですから、借地が売却された場合は、借主は新所有者に借地権をもって対抗できず、家を取り壊して土地を明け渡すことになるところから、このような土地の売買を「地震売買」といったりしてきました。

　これでは困るということで、この問題につきましては、いわゆる建物保護法という法律が制定されました。このようなケースにおいても、土地の賃借人が土地の上に自己の建物を所有し、これを自己の名で登記しておくことによって賃借権についての対抗力を有することになると規定しています（同法1）。これによって無用な建物の破壊が生じないようになりました。この建物保護法は後に借地借家法の制定に伴って廃止され、この借地権の対抗力に関する規定は借地借家法10条によって引きつがれております。

　借地借家法におきましては、借家権の対抗力について、その引き渡しを受けておきさえすれば、これによって対抗力が与えられるとしていますから(31)、そうなりますと、借家人が知らないうちに借家全体が売却されて新所有権者から追い出されてしまうことはなくなるわけなのです。

　次に借地契約や借家契約のような継続的契約関係を考えてみますと、これは重大な財産権を長期間にわたって他人にまかせるわけですから、契約における人的要素が重要となってきます。つまり、「この人だから安心してお貸

しできます」というような関係があるわけです。そうなりますと、自分が信用して他人に貸してやったところ、この人が全く信用できない人に転貸してしまったということになると、貸主としての立場もなくなってしまいます。そこで、民法においては、賃借権を譲渡したり転貸したりする際には賃貸人の同意を得なければならないとしています。承諾もなしにそのような行為をすると、基礎となるところの賃貸借契約の解除を受けることとされています（612）。この点については借地法や借家法においても、大きく修正をしているわけではありません。しかし、このような行為をなされて賃貸人が承諾しない場合には、転借人などとしては貸主に対して建物買取請求権を行使することができるとされております（14）。そして、場合によっては貸主の承諾に代わる裁判を裁判所に求めることもあります（19）。

　借家のほうはどうかといいますと、こちらの場合も似たような状況でありまして、いわゆる造作買取り請求権の行使が認められています（33）。

　賃貸借契約は有償契約ということとなりますが、一度決めた賃料が不相当となってきた場合にはどうなるでしょうか。この点については、借地借家法は明文の規定をおいて解決しています。すなわち、目的物についての公租公課の増減であるとか、他の近傍類地における賃料と比較して著しく不相当な額となってきたような場合には、当事者の一方的な請求によって賃料の値上げないし値下げを請求することができます（11、32）。これも一種の形成権としての性格をもっています。もっともこのような値上げないし値下げが妥当であるかどうかについては、当事者の協議によって、これができない場合には裁判所が決定することとなります。

　このような値上げや値下げがされた場合に、これが不合理であるとして、賃貸人が従来の賃料では受領しないというようなときは、そのまま放置すると賃料不払いとして契約解除を受けることにもなりかねません。これを避けるためには供託の制度などを利用するのが適当でしょう。

第7章　不動産の賃貸借　151

3 敷　金

【事　例】　アパートを借りるに際しまして敷金を要求されましたが、この敷金というのはどのような性格をもつものですか。そして、契約終了時点において返還されるものなのでしょうか。

　敷金とは、地代とか家賃とかが滞納された場合とか対象目的物自体の取り扱いが粗末であったために、その一部を毀損させたような場合に、これから損失の充当を受けることを予定して事前に賃借人から賃貸人に対して差し入れておく金銭のことをいいます（622の2）。この交付がされることがなにも賃貸借の成立とは関係がありませんが、当事者の合意にもとづいて差し入れられることが多いようです。家賃や地代の滞納がされた場合には、賃貸人は、この敷金からこれに充当することができますが、充当するかどうかは賃貸人の自由です。賃借人側からこれを充当してくれと求めることは出来ません（622の2②）。
　賃貸借が終了した際には、敷金については必要な損害賠償金を差し引いたうえで賃借人に返還されることとなります（622の2①）。

4　権利金

【事　例】　土地を賃借することになったのですが、高額な権利金を要求されました。権利金というのはどういう性格のお金なのでしょうか。

　次に権利金というものについて、簡単に説明しましょう。これにはいろいろの場合があるのですが、次のように分類しておけばいいでしょう。まず、

地代とか家賃を前払いしているという性格をもつお金である場合、次に賃借権譲渡の承諾料としての意味をもつようなお金である場合、あるいは営業利益の対価としての性格を有するような場合などがあるようです。ですから、この性格によって、この権利金がどう扱われるかが決まってくるということとなりましょう。しかし、一般的には返還されないお金と理解しておくのが妥当でしょう（最判昭 29・3・11、最判昭 43・6・27 など）。

第Ⅳ編　損害賠償制度について

第1章　債務不履行による損害賠償

　違法な行為によってだれかに損害が生じた場合、誰かがその責任をとり、この損害についての塡補を図らねばならないことになります。この損害の賠償をしなければならない者が誰であるかについて、民法は公平の原理にもとづいて決定する役割をもっています。どのような事実関係をもとにして損害賠償が認められるのかによって、法律構成が異なってきます。

　契約関係にある相手方に対して自己の責任によって債務の履行を怠ったり、あるいはこれを実現できないようにした場合には、債務不履行としての責任を問われることになりますし、そのような契約関係にない者に対して自己の責任による行為によって損害を負わせたような場合には、不法行為責任としての損害賠償を請求されることになります。

　このように、損害賠償債務を発生させる原因となるものとしては、債務不履行と不法行為とがあり、損害賠償について検討するについては、この二領域について検討すればいいことになります。

【事　例】
① 　転売目的で買った品物の価格が、債務者の履行遅滞のために履行期直後に大暴落して、大変な損害を負担してしまいました。
② 　Aから土地を購入したところ、Aは私に移転登記をせずにこの土地をBに売却してしまい、登記も移転してしまいました。
③ 　私は、金魚を五匹ばかり購入してきて他の金魚といっしょにしたところ、買ってきた金魚が病気だったために、他の金魚に病気が移って全部が死んでしまいました。

債権というものは、その本来の趣旨に沿った履行を受けることによってその目的が実現されて消滅していくのが普通であるし、それが理想の形態であるといえますが、それが必ずしもその理想どおりにいかないところにさまざまな問題が出てくるといってもいいでしょう。そのために債権者において、「現実的履行の強制」（414）であるとか「契約の解除」（540以下）等の手段をとることによって債務者の非協力的態度にも対抗していく方法が認められているわけなのです。しかしながら、ある種の債務について考えてみますと、その性格からしても現実的履行の強制になじまないというような債務もあるはずです（ここで詳細に説明している余裕はありませんが、例えば、有名な画家がある人の肖像画を描くというような債務を負担している場合を考えてみればすぐわかることでしょう）。また、解除によるといってみましても、契約からだけ債務が発生するわけではありませんから、解除が有効に機能しない領域はいくらでもあります。そこで、これらの制度といっても万能の制度ということはできないわけです。履行不能の場合などは、現実的履行の強制などの制度は無力となります。

　このように考えてきますと、債務者が債務の本旨に従った履行をしてくれない場合に、債権者としては債務不履行であるということで本来の給付に代わる損害賠償を請求し（これを「塡補賠償」といいます）、あるいは債務が約束の期日に履行されないことにより、この遅滞のゆえに生じた損害について（これを「遅延賠償」といいます）、債務者の本来の債務弁済を求めるとともに、その賠償を請求することができることになります。この「塡補賠償」とは本来の債務が姿を変えたものでありますし、「遅延賠償」とは本来の債務が拡張したものであるといっていいでしょう。

　債務不履行による損害賠償は、この債務不履行状態が発生したことが根拠とされるものでありますが、この債務不履行の状態とはいったいどんなものをいうのでしょうか。この点から見ていくことにします。抽象的には、次のようにいうことができましょう。つまり、債務者がその責めに帰すべき事由

によって違法に債務の本来の趣旨に従った履行をしていないことです。これが一応の説明となりますが、なおこれを具体的にいいますと、次のような三種類の態様に分類して検討することができましょう。すなわち、まず第一に、履行期に履行をしようとすれば可能であるのに、債務者がその責めに帰すべき事由によって期日を遅らせてしまった場合がこれに該当します。これがいわゆる「履行遅滞」ということになります。次は、債務者の責めに帰すべき事由によって履行すること自体ができないような状態となってしまった場合がこれです。これを「履行不能」といいます。そして、第三に、一応期日に履行はされているものの、その内容が本来の趣旨に合致していないところから債権者に損害を生じた場合があります。これを「不完全履行」といいます。

1 履行遅滞

　第一の類型である履行遅滞とは、履行期が到来しており、債務者において、履行をしようとすれば履行することが可能であるのに、正当な理由もないのにその履行をしようとしない場合のことをいいます。このような場合には履行をしようとすればできるのですから、債務者の義務は存続しているわけです。そこで、債権者は強制執行の方法によって債務の内容についての強制的履行を求めることもできます（もっとも債務の性格が強制になじまないものである場合にはできません。これについては後述します）。債務者の責に帰すべき事由（故意や過失など）によって履行が遅滞したことによって損害が生じた場合には遅延損害金も請求することができます。もっとも、このような履行遅滞をするような不誠実な債務者との関係を清算してしまいたいのであれば、相当期間を定めて催告をし、それでもその期間内に履行がされないような場合においては契約解除をするという方法もあります（541）。契約解

除がされますと、契約は当初から存在しなかったこととなりますから、債権者も自己の負担している債務の弁済を免れることになります。解除の理由が債務者の責めに帰すべき履行遅滞であってそれによる解除がされた場合には債権者は自分の債務を免れることになりますが、損害が生じた場合には損害賠償を請求することができます（545）。債務不履行による解除の場合には同時に損害賠償の請求をすることができますが、解除は債務者に責めに帰すべき事由のある債務不履行の場合にすることができるだけではなく、債務者に責めに帰すべき事由のない場合にも履行遅滞や履行不能などによっても解除権の行使は可能です（541）。

この履行遅滞が成立するためには、①履行期が到来していること、②履行期が到来しているにもかかわらず、債務が履行されていないこと、③この債務不履行が債務者の責めに帰すべき事由にもとづいてなされたこと、④履行が遅れたことが違法であること、などが要求されます。

2　履行不能

第二類型の履行不能とは、いったんは有効に成立した債務が、その後に債務者の責めに帰すべき事由（後発不能）によって履行することができない状態となってしまうことをいいます。このような場合には、債務者は履行に代わる損害賠償（塡補賠償）をすべき義務を負担することとなります（415②1）。

履行不能が成立するためには債務者の責めに帰すべき事由が必要とされますから（故意・過失または信義則上これと同等に評価される事情）、不可抗力の事故の場合には債務者が責任を免れることとなります。もっとも、金銭の支払いを目的とする金銭債務の場合にはこの例外となることは、民法419条2項が規定しているところです。

この履行不能が生じた場合においては、債権者は相当期間を定めた催告をすることなく即時に契約を解除することもできます（543）。

履行不能というのは、債務者の責めに帰すことのできる事由でによって履

行ができなくなった場合ですが、

3　不完全履行

　第一類型にも第二類型にも属さない債務不履行があります。これが不完全履行です。一応の履行はされているけれども、履行内容が不完全なために債務の本来の趣旨を満たさないような場合がこれに該当します。例えば、鶏の売買がされ、鶏が給付されたけれども、健康な鶏を給付すべきところを病気の鶏を給付してしまったために、他の鶏についても病気が伝染して大変な被害が生じてしまったような場合を想定しておけばいいでしょう。もっとも、履行内容自体が不完全であって債務の本旨に合致した履行がされたといえないような状態にとどまり、それ以上に被害をかけたようなことがなくても不完全履行です。ですから、不完全履行によって新たな被害を生ぜしめた場合だけでなく、単に不完全な履行であって本来の履行がされたという状態にないというだけにとどまるケースもあるのです。要するに後になってやり直せないケースとやり直しがきくケースとが出てくるわけです。
　やり直しができないようなケースは履行不能に準じて処理され、やり直しがきくケースについては履行遅滞に準じて処理されることとなります。

4　債務者の責に帰すべき事由

　債務不履行の場合、その履行遅滞、履行不能、不完全履行などが債務者の責に帰すべき事由にもとづいていることが必要とされることは、前述のとおりです。この債務者の責に帰すべき事由というのは、いったい何かが問題となってきます。これについては、「故意」「過失」または「信義誠実の原則からして債務者の故意・過失と同等に評価されるような事由」というように理解されています。前にも説明したように、民法の場合には刑法の場合とは異なり、原則としては故意であろうと過失であろうと責任形式の差異はないと

されています。このうちの「故意」については説明するまでもない（刑法上ではこの故意とは何かについてたいへんな議論がありますが）といっていいでしょう。「過失」と「信義誠実の原則から債務者の故意・過失と同等に評価されるもの」とについては問題があります。そこで、ここでは、この「過失」について説明しておくことにしましょう。

5　過失とは何か

　過失とは何かという問題は、刑法においては、非常に重要かつ困難な問題とされていることは周知のところです。民法におけるそれは、他人の不注意な行為によって発生した損害を、だれに負担させるのかということの基準となるもの、という程度の意味に理解しておけばいいので、刑法的な意味あいからする議論とは少々違ったものとなります。この責任の追及のしかたも刑法の場合とは異なって、損害賠償の手段によることとなります。したがって、民法における原則的な態様としては、故意と過失とは基本的に同価値とされ、その間に責任の差別がないといえましょう（そのような理由から、民法上で広い意味での過失という場合には故意までも包含することが多いようです——例えば「過失責任の原則」などと表現される場合など）。

　民法上で過失というのは、一定の注意さえしていれば一定の事実を認識することができたのに、不注意でこれを認識しなかったこと（結果予見義務）であるとか、違法な一定の結果を惹起することを回避することができたのに、不注意でこれを回避することができなかったこと（結果回避義務）などと理解されています（学説上では結果予見義務違反を重視しますが、裁判例はむしろ結果回避義務の方に着目するようです）。つまり、過失とは一定の注意義務に違反に違法な結果を惹き起してしまった、ことといえそうです。そこで、違反されるこの注意義務の種類によりまして、過失は、「抽象的過失」と「具体的過失」とに分類されることとなります。そして、さらに違反の態様により、軽過失と重過失とに分類されます。この関係について整理します

過失の概念

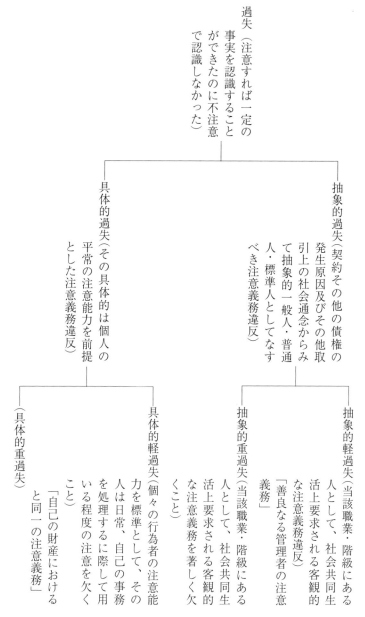

過失（注意すれば一定の事実を認識することができたのに不注意で認識しなかった）

- 抽象的過失（契約その他の債権の発生原因及びその他取引上の社会通念からみて抽象的一般人・普通人・標準人としてなすべき注意義務違反）
  - 抽象的軽過失（当該職業・階級にある人として、社会共同生活上要求される客観的な注意義務違反）「善良なる管理者の注意義務」
  - 抽象的重過失（当該職業・階級にある人として、社会共同生活上要求される客観的な注意義務を著しく欠くこと）
- 具体的過失（その具体的には個人の平常の注意能力を前提とした注意義務違反）
  - 具体的軽過失（個々の行為者の注意能力を標準として、その人は日常、自己の事務を処理するに際して用いる程度の注意を欠くこと）「自己の財産における と同一の注意義務」
  - （具体的重過失）

と前ページの図のようになりましょう。

　具体的過失にも理論的には具体的軽過失と具体的重過失とがありますが、法律的に意味を有するのは抽象的重過失だけであり（失火責任法においてこの概念が規定されています）、具体的重過失が問題となることはないので、「重過失」といえば抽象的な重過失をさすことになります。ここではこの具体的重過失という概念をもち出すことはしないでおきましょう。

　この抽象的過失の前提となる注意義務としては、普通一般人に当然に要求される客観的注意義務ということとなります。つまり、当該行為者の具体的な行為能力を基準とするのではなく、契約その他の債権の発生原因及びその他の取引上の社会通念からみてその人の職業とか、置かれている地位から社会共同生活上当然に要求されるところの注意義務（これを「善良なる管理者の注意義務」——省略して「善管注意義務」）のことをいいます。その職業とか社会的地位にもとづいて「期待される注意義務」とでもいえばいいでしょうか。これに対して具体的過失が前提として要求する注意義務は、個々の行為者の具体的な注意能力を標準としての注意義務すなわち、「自己の財産におけると同一の注意義務」であるということとなります。前者の予定する注意義務に違反するのが抽象的軽過失ですし、これに著しく違反するもの——つまり、相当の注意を尽くすまでもなく容易に結果を予見し、これを回避することができる場合であるのに、漫然と結果の予見・回避措置を取らなかったために違法な損害を生ぜしめたような場合が抽象的重過失（これを単なる「重過失」といいますが）ということになります。後者の前提たる注意義務に違反するのを具体的軽過失といいます。

　民法で一般的に過失といいますと、「抽象的軽過失」ということになります。つまり、ここで前提とされるのは具体的な個人ではなく、一定の職業とか社会的地位にある抽象的な人間の能力を前提とし、契約その他の債権の発生原因及びその他の取引上の社会通念から判断されるわけです。普通一般人に当然に要求される客観的注意義務を判断の基準とするものであるところから、一定の社会の枠の中において生じてしまった損害をだれに負担させるかとい

うことを決定する基準として極めて有効なものといってよいでしょうし、通常の人の思考形態とも合致するし、説得の方法としても合理性があるからです。

　このような民法の考え方によりますと、通常人としてなすべき注意義務を尽くして行動している限り（通常人以上の注意義務を有している者においても同様となりますが——）損害賠償義務を負担することにはならないはずです。そのような範囲内においては人間の行動の自由というものが保障されているといってもいいでしょう。ですから、そのような意味で、新しい試みであるとか新製品の開発というような問題で常に災害や事故と直面する企業などにおいては、過失を犯さないという（善管注意義務を尽くした）範囲で行動さえすれば、事故が生じた場合にあっても原則としては損害賠償の責任を問われないはずですから（過失責任の原則）、その意味において資本主義に奉仕することとなるわけです。つまり、このような行動基準を守っているかぎり企業としては自由に新しい企画や試みといった行動することができることになり、行動の基準が与えらるわけですから、その意味で企業活動が活発化されるでしょう。

　反面、能力的に劣った人にとっては、通常人として尽くすべき注意義務は尽くせと要求されるわけですから、ある意味ではたいへんつらいことです。つまりできないことを要求されるということにもなりかねないからです。しかし、やはり社会の一員としてその程度の注意義務を尽くすということが期待されているということなのでしょうか。民法というのが刑法とは違い、行為者に対する非難とか非難の可能性というようなことを問題とするものではなくて、発生してしまった損害をだれがカバーすべきかを問題とするところから出てくる結論ということとなりましょう（刑法における過失については、注意義務の程度を本人を基準とするか、あるいは客観的抽象人を基準とするか、あるいは折衷的な基準によるかなどについての争いがあったはずです）。

　具体的軽過失とは、何らかの理由によって、ある具体的な場面において、行為者の注意義務を軽くする場合に利用される概念といっていいでしょう。

その意味では民法における過失の例外的な場面ということになるはずです。

例えば、無償で他人から物を預かる契約を考えてみてください。この契約は無償寄託ということになりますが、預かった人が通常の人よりも能力的に低い場合、物の保管について通常の人の能力を要求され、ここまで至らない注意で保管したため物に損失が生じたような場合に、債務不履行として損害賠償義務を負担させるのが合理的といえましょうか。確かに、お金を取って保管していたならばそれもいいでしょう。しかし、この場合には無償で預かったわけです。そこで、能力以上のことを要求されて、損害賠償まで必要とされるのではかわいそうです。

この場合に、民法は注意義務の程度を下げ、自己の財産におけると同一の注意義務でいいとしていますから、これに反する場合にのみ具体的軽過失ありということで、損害賠償義務を負担することになるわけです。民法では、この具体的過失の前提としての注意義務について、個々の規定の中において「自己のためにするのと同一の注意義務」（827）とか「自己の財産におけると同一の注意」（659、915）などと規定しています。いずれの場合にも個別的な場合について、原則である善良なる管理者の注意義務（抽象的過失の前提たる注意義務）から程度を下げて、過失の前提としての注意義務について規定しているわけです。やはり、原則の抽象的軽過失の程度を具体的軽過失まで下げるについては、個々の規定にその実質的な理由があるので検討してください。

重過失についてふれましょう。これは正確にいえば抽象的重過失となりますが、これは「通常人に要求される程度の相当の注意をしないでも、わずかな注意さえすれば、たやすく違法有害な結果を予見することができた場合であるのに、漫然とこれを見すごしたような、ほとんど故意に近い注意欠如の状態」といわれております（最判昭32・7・9、大判大2・12・20）。もっとも、この判例の定義はなかなか厳格であり、学説の立場はもう少し緩やかです。いずれにしても、抽象的軽過失の場合とはだいぶ注意義務の程度は異なります。しかし、このようにいってみましても、重過失と抽象的軽過失との差は、

注意義務の程度あるいは量的な差異でありまして、故意と過失との区別のような質的差異の問題ではありません。ですから、その区別というのがなかなか困難であることは否定できません。具体的な事案を見ながら決定していくよりしかたがないともいえましょう。具体的事案におけるそれぞれの事情によって、ここで要求される注意義務の基準は当然異なってきてしかるべきであるといっていいからです。

なお、信義誠実の原則から判断して、債務者本人の故意や過失ではないけれども、これと同等に評価することができるものとしては、いわゆる履行補助者の故意・過失を挙げることができましょう。つまり、本人自身の故意や過失ではないけれども、その手足となって行動している者とか働いている者についてはやはり、この者の過失などをもって債務者の故意や過失と同等に評価することが妥当であるからということになるからです。

6　損害とは何か

債務不履行によって生じた損害につきましては、債務者がこれを賠償する義務を負担することとなりますが、問題となってくるのは、この「損害」とはいったい何であるかです。

ここで損害とは、財産上の損害であっても、非財産的な損害（これについての賠償のことを慰謝料といいます）であってもいいとされ、また、積極的損害（従来あった既存の利益が減少した場合）でも、消極的損害（既存財産についての減少はないが、当然取得できるはずであった利益が所得できなかったような場合）でもいいと理解されています。

7　損害賠償をすべき範囲はどうなるか

債務者は、こうして生じた損害のうちのどこまでを賠償する義務を負担するのでしょうか。ここではこの問題を考えてみましょう。

民法には規定が置かれていて、損害賠償すべき範囲は「これによって通常生ずべき損害」がこれに該当するとしております。(416①) つまり、損害の発生があったといいましても、その原因と結果との関係は無限定なものでありますから、債務不履行を原因とする損害といってみても、見方によればそれはたいへん広い範囲にまで広がってしまう可能性があるわけです。いわゆる「風が吹けば桶屋がもうかる」式の理屈によれば、損害賠償の範囲は無限に拡張していってしまいます。そこで、このような規定が置かれているわけです。もっとも、これには例外がありまして、特殊な事情によって生じた損害でありましても、当事者がその債務不履行によって、そのような損害が生じてくることを予想しており、また、予想していなくても、ちょっと注意をしさえすれば当然に予想することができたというような状況がある場合は、その特別事情によって生じてきた損害でも賠償する義務があるということとされているのです（416②）。

　「通常生ずべき損害」とはどのような損害でしょうか。そしてまた「特別の事情によりて生じた損害」とはどのような損害をいうのでしょうか。これらはなかなか困難な問題です。しかし、抽象的にいえば、特段の事情のない限り、その種の債務不履行によって当然に発生するであろうことを社会一般においても承認するような関係にある損害が通常損害、それ以外のものが特別損害とされましょう。

8　損害賠償の方法

　損害賠償はどのような方法でするのでしょうか。日本の民法は金銭の支払いによる賠償という方法を採用しております（417）。金銭賠償が債権者にとっても債務者にとってもいちばん便利であるからでしょう。すなわち、損害賠償の方法に関しましては、その方法が当事者間の特約によって当初から定められていたという場合は別として、損害を金銭に評価して、その額を支払うことによってされることとなります。外国の立法例などを調べてみます

と、損害賠償の方法として、そのような損害が生じていなかった現状を回復するというような原状回復主義を採用するものもありますが（例えばドイツ民法249条〜251条）、日本民法は、現在の社会が貨幣経済ということから考えて金銭賠償の方法が妥当と判断したものでありましょう。

もっとも不法行為について、原状回復主義を採用する規定があります（723）。また、特別法においては、著作権法（115）、特許法（100）、実用新案法（27）、意匠法（37）、商標法（36）、鉱業法（111 ②）などが原状回復主義を採用しています。

9 損害賠償の範囲についての例外

（1） 損害賠償額の予定

損害賠償の範囲は、具体的に発生した損害にもとづいて現実には決まっていくわけですが、それにもかかわらず、将来に損害の発生するかもしれないことを契約などの段階において予測して、このような損害が将来発生したような場合には、その具体的な損害がいくらであるかを詮索することなく、支払って解決すべき損害賠償の額をあらかじめ決定しておくことができます（420 ①）。お互いに損害賠償額についての無用な争いを避けたいというところから来ております。これを「損害賠償額の予定」といいます。このような約定がされている場合は、債務不履行が生じたならば、現実に損害が発生したかどうか、発生した損害がどのくらいかなどということも問わず、予定された損害賠償を債務者は支払うこととなります。損害はなかったというようなことや、損害はもっと少なかったとかを立証してみても、賠償責任を軽減するということはできません。また、反対に債務者においても、もっと損害があったと主張立証してみてもだめだということになります（420 ①）。その意味で民法416条が規定しているところの例外といっていいでしょう。

(2) 過失相殺・損益相殺

　債務者が自己の責めに帰すべき事由によって債務を履行しないことが債務不履行となります。しかし、債務者の責めに帰すべき事由による債務不履行といいましても、これについて債権者側にも責任があるような場合はどうなりましょうか。この点について民法は、債権者側にも過失があるような場合については、損害賠償の責任の有無やその額の決定についてこれを考慮しなければならないとしております（418）。いわゆる過失相殺という制度です。裁判所において債権者側の過失があったことを認定した以上は、裁判所は損害賠償の額の決定や債務者の責任の有無を決めるについて必ず考慮しなければならないとされます。その意味で必要的考慮事由ということができましょう。

　同様の制度が、不法行為制度にもあります（722②）。

　また、債務者の債務不履行の結果、債権者において利益を得たような場合、例えば、ある劇団で一週間にわたっての地方公演をする予定で契約がされている場合、受け入れ側の債務不履行により行く必要がなくなったような場合には、旅費とか滞在費とかについて予定された出費がなくなったのですから、その額は損害賠償の額から差し引かれることとなります。これが「損益相殺」の制度です。

(3) 例外としての金銭債務

　債務不履行損害賠償制度の中で極めて特殊な地位にあるものに、金銭債権に関する損害賠償があります。もともと金銭というような存在は価値そのものといってよいわけでして、資本主義社会にあっては万能的な機能と、極度の抽象性を有しているといってもいい存在です。それだけに、金銭債権については、まず、履行不能を考えることができないということを指摘できましょ

う（お金を得ることのできるチャンスは誰にでもあるからです）。ですから、金銭債務に関する限りは、履行遅滞ということとはなっても、履行不能はないといっていいでしょう（不完全履行は多少は問題となりましょうか）。

　債務不履行について債務者は、それが不可抗力によって生じたものであることを主張しても自己の責任を免れることはできません。要するに、金銭債務については一種の無過失責任を負担するわけです。そこで、債権者とすれば、債務不履行の事実さえ立証すれば、実際に損害が生じたことについての証明をすることなく損害賠償を受けることができるわけです（419②）。

　損害の発生についての立証が要らないということとの関連でもありますが、こんどは損害賠償の額としては、当事者間での特約がされていない限り、法定利率による損害賠償しか受けることができないこととされております（419①）。したがって現実の損害がそれ以上に及んでいるとしても、法律の特別の規定が置かれているか（例えば647条、669条）、特約がされている場合でなければ、実損害の賠償を受けることができないということとなります。

　法定利率は、民事法定利率が年3パーセントということになります（404②）。

第2章　不法行為による損害賠償制度

【事　例】　私の父は、通勤の途中、横断歩道上で交通事故にあって即死しました。私の家は、父母と私と姉との四人家族でした。交通事故を起こした車両の運転者に対して、損害賠償の請求ができますか。彼の勤務している会社に対してはどうでしょうか。

　債務不履行のほかに損害賠償の原因となるものとして、不法行為があります。ここでは不法行為による損害賠償の制度について検討しておくことにしましょう。

　不法行為についての基本規定は民法709条でありまして、そこでは「故意又は過失によって他人の権利又は法律上保護される利益を侵害した者は、これによって生じた損害を賠償する責任を負う」と規定されております。

1　不法行為の成立要件

(1)　権利侵害——違法性

　この規定によって明確となるように、まず不法行為の成立要件としては、違法な法益（権利）侵害行為が必要となります。民法709条におきましてはかつて「権利侵害」という言葉を使っておりました。しかし、それでは「所有権」とか「特許権」とか「著作権」とかいうように明確に権利というような言葉を使っているものを侵害した場合だけが不法行為になるのかということが問題となり現在の規定では「他人の権利又は法律上保護される利益」の侵害が不法行為になるものとの改正がされております。要するに権利という

言葉にあまりこだわらなくてもいいということです。改正前の学説は権利侵害とは「違法な利益侵害」であるとさえ言ったりしておりました。そこで現在の規定によれば明確に権利と位置付けることはできないけれども法によって当然に保護されるような生活上の利益は当然に不法行為規定の保護の対象となります。

(2) 違法性阻却事由

不法行為の要件として違法な法益侵害が問題となるわけですから、この「違法性」がないということになれば不法行為は成立しないわけです。違法性とは何かについての説明はむづかしいですが、要するに行為などを客観的にながめてみてそのようなものは社会が許さないという性格、つまり反社会的であるというものと理解すればいいでしょう。そこで、違法性を阻却するような事情があれば不法行為の成立要件は満たされないこととなりますから、不法行為の成立は否定されます。違法性を阻却する各種のものを見ておきましょう。

違法性が阻却される各種の事由とは、次のようなものがあります。
① 権利の正当な行使と認められるもの（濫用にあたると違法性を阻却されない）
② 社会的に相当な行為と認められる範囲で被害者の承諾がある場合
③ 正当な業務行為（外科医の手術など）
④ 法律による免責がある行為（労働組合法8条など）
⑤ 事務管理となる場合（697条）
⑥ 正当防衛（他人の不法行為〔不法行為の成立要件を具備することは必要なし〕に対して、自己または第三者の権利を防御するために、やむをえずに加害行為をした場合——この行為の結果として第三者に加害行為をしたような場合には、その不法行為者が第三者に損害賠償義務を負担することとなる）

⑦　緊急避難（720②。例えば他人の物から生じた急迫の危難を避けるために、その物を毀損したような場合）

(3) 損害の発生

　次の要件としては、損害の発生が挙げられます。これについては債務不履行の場合と同様の議論がありますから、これを参考とすればいいでしょう。

　ここで、損害賠償の範囲について簡単に見ておきましょう。この損害賠償の範囲については、債務不履行の場合と違って不法行為法には明白な規定が置かれていません。しかし、思想とすればやはり債務不履行の場合と同様に考えていいのではないかと思います（もっとも故意による不法行為の場合などは特別な損害であっても賠償させてよいでしょう）。そこで、違法な行為から生じた損害であって、これが相当因果関係の範囲内——社会一般の経験法則から判断して、相当と認められるものについてこれを限定して、損害賠償の額が決定されることとなります。

　この相当因果関係については、最近のいわゆる公害事件に関する損害賠償事件ではだんだんと緩やかに解されるようになっており、緩やかな認定がされるようになってきているということに注意しておきましょう。

　なお、損害の発生について被害者側にも過失があるような場合は、損害の認定に際してこれを考慮するができることとされております（722②参照——これを「過失相殺」といいます。同様の規定が債務不履行についてもあることと、両者の差異について注意してください——418参照）。

　被害者が損害を受けると同時に別に利益を受けているような場合は、損害の賠償額の算定において、これを差し引くこととされております（これを「損益相殺」といいます）。

第2章　不法行為による損害賠償制度

(4) 故意・過失

　主観的な要件として債務者の「故意・過失」が必要とされます。この問題も債務不履行において説明したところと競合しますから、これは省略します。ただ、これについて多少注意を喚起しておきたいのは、「失火ノ責任ニ関スル法律」（「失火責任法」と略称）においては不法行為が成立するためには重過失を必要としているというところです。

2　過失責任と無過失責任

　最近問題とされている無過失責任の法理について、多少の検討をしておきましょう。
　過失責任の原則とは、何人も故意・過失（両責任を合わせて広い意味における「過失」といいます）がないような行為によって生じた結果に対する損害賠償義務を負担することはない、という原則のことをいいます。個人は自己の過失による行為から生じてきた結果についてのみ責任を負担するという意味において「自己責任の原則」ともいわれております。これは単に不法行為の領域のみではなくて、債務不履行損害賠償の領域にもいえる原則ということができましょう（415、709）。古い時代にはこの原則は認められていませんでしたから、むしろ「結果責任主義」（その人間の行為を原因として生じた結果に対して行為者には責任があるという原理）が採用されていたといっていいでしょう。
　18世紀末ないし19世紀における個人の自由を尊重する思想から、行為者の意思を媒介することなしにはその者に対する責任を負担させることはないという考え方が生まれ、それによってこの原則が立てられたといっていいでしょう。すなわち近代法のもとにおいては、自由な意思を有する自由な意思主体が平等の立場で行動することが期待され、その結果としては、法の定め

る責任原因（故意・過失）に触れない限り、何人といえども損害賠償の責任を負担することはないとされるわけです。

　このことは、不法行為の領域において特に顕著な現象です。そして、これは、おりから発展途上にあった資本主義社会と深い関係がありました。すなわち、企業は行動する際に、その企業活動に伴って他人にいかなる損害を負わせても、故意や過失がない以上は損害賠償責任を負担することはないという原則を前提に、いきいきと活動できるわけです。つまり、このような行動基準をもとにして積極的に新しい試みをすることができ、のびのびと行動しつつ発展し、これによって資本主義自体が極度の発展を遂げることとなったのです。しかし、その反面、過失責任の原理の枠の中で企業が自由に行動していった結果として、人力によっては避けることができないような危険を包蔵しながら、一方では巨大な利益を収める企業が次々と出現することとなり、新たな問題を生むようになってきました。

　このような事態に達するまでに資本主義が発達してきますと、過失責任の原則という原理は、対等の当事者間においてはともかく、個人と企業というような関係では、結局は被害者個人の犠牲において大資本とか大企業というものを保護するための原理ということになってしまうのではないかという問題が出てきます。極端に発達した資本主義社会においては、過失責任の原則という近代私法の基本原理も、他の個人主義民法の基本原理と同様に修正を受けるべきではないかという疑問が提起されることとなります。ここにおいて発展してきた理論が、いわゆる「無過失責任の原理」です。このあたりの変遷過程というものは、特に最近における公害問題をめぐっての損害賠償事件に関する訴訟などの動向を見ますと、極めて現実感をもって理解することができると思います。

　日本においては、明治44年の工場法（資本主義の発達に伴う工場の機械化によって生じてきた労働災害に対処するための法で、労働災害の率の増加がこの法を生んだといってよいでしょう）において初めて、この無過失責任が採用されました。これ以降、鉱業法、独占禁止法、自動車損害補償法など

において、この無過失責任が採用されています。

　ところで、民法における基本原理である過失責任制度にありましては、この異質な無過失責任の原理というものがどのような根拠から民法上で理由づけられるかといった点は、困難な問題といわなければなりません。ここにはいろいろな考え方があるようです。

　(1)　危険責任の考え方

　危険な設備などを設置して社会に危険をつくり出している者は、その設備から現実に損害を生ぜしめた場合には、過失の有無を問わずに全面的な責任を負担すべきであるという考え方をいいます。

　(2)　原因責任の考え方

　損害発生についての原因を与えた者は、過失の有無を問わずに全面的な責任をとるべきであるとする考え方をいいます。

　(3)　報償責任の考え方

　損害発生の原因となる行為によって利益を受けている者は、その利益獲得の過程において生じてきた損害については、過失の有無を問わずに全面的な責任を負担すべきであるという考え方をいいます。

　(1)の思想が反映しているものとしては、民法717条のいわゆる工作物責任規定があります。これは、例えば建物とかその他の設置物のような土地の工作物について、その設置または保存について欠陥（条文では「瑕疵」といっています）がある場合、それから生じた損害については、まずその工作物の占有者が責任をとらなければならないとされ、占有者がこの工作物についての損害の発生を防止するについて相当の注意を払ったような場合は占有者は責任を免れるが、その工作物の所有者自分自身が相当の注意を尽くしていても損害賠償の責任を免れないとされております。その意味では、所有者の責任は無過失責任に類するといってよいでしょう（工作物についての欠陥が要求されているという意味では、必ずしも全面的な無過失責任ともいえないかもしれません）。危険責任という考え方がよくあらわれている規定です（民法714条や718条の規定なども、この考え方によって説明できるでしょ

う）。

　(2)の原因責任の考え方は、無過失責任を基礎づける考え方としては少々説得力不足といえましょうか。それだけに民法においてもこのような考え方によっているものはないようです。

　(3)の報償責任の考え方は、民法715条の使用者責任の規定にかなり明白に表われているといえるでしょう。使用者責任というのは、ある事業の執行のために他人を使用している者においては、この使用されている者が事業の執行に際して他人に損害を与えたというような場合に、この損害については使用者において支払う責任を負担する制度のことです。つまり、被用者という別人である他人がした行為について使用者が責任を負担するということになります。被害の発生について直接自分が故意や過失を有していないのに責任を負担するというのは、人を使って自分の営業活動の範囲を拡張して利益を受けているような者においては、その反面として、そこから発生してきた損害についても責任を負担しなければならないという考え方によるものです。この制度は、被用者という他人の行為についての責任という意味では、報償責任の考えがかなり明白です。もっともこの制度が、使用者の「被用者の選任及びその事業の監督について相当の注意をしたとき」又は「相当の注意をしても損害が生ずべきであったとき」を免責事由としているとこからしますと、これも完全な無過失責任ということはできないでしょう。しかし、この免責事由の主張については、現実にはほとんど認められないような厳格な要件とされているので、実質的には無過失責任に近いといってもさしつかえありません。

　無過失責任を根拠づけようとする右の三つの立場（もっとも、原因責任はあまり根拠とはならない）が総合的に考慮されるわけです。それぞれの一つだけで説明されるものではなく、これらの考え方があいまって無過失責任を基礎づけるといえるでしょう。

　最近よく話題となる公害裁判などを考えるに際しては、この無過失責任の考え方の発展というようなものが考慮されなければなりません。

ところで、この無過失責任ということと、原則である過失責任ということとの間を調整する上位概念というべきものを考えておくことにしましょう。この両者を統一するところの基本原理というようなものはやはり、ある行為が損害を発生させたというような場合において、この損害をいったいだれが負担するのがいちばん公平かということに尽きるのではないでしょうか。この具体的公平ということを求める手段が過失責任においては「過失」ということになるのでしょうし、無過失責任においては（1）～（3）に指摘した各原理ということになるのでしょう。

3 責任能力

不法行為が成立するためのもう一つの要件として、責任能力の問題があります。責任能力は、正常な意思活動ができない者に損害賠償責任を負担させることはできないところからくる概念です。つまり、責任能力とは自己の行為について、それが一定の違法な結果を引き起こすか否かということを理解しうる能力のことです。このような正常な意思活動をすることができない者のことを責任無能力者といい、これについて民法は次の二つを認めています。その一は、行為の責任を弁識するに足るだけの能力としての知能を具備していないような未成年者です（712）。これは単なる是非善悪についての認識能力というだけでなく、その行為から引き起こされる結果がある程度法律上の問題となる可能性があるというくらいの理解ができる程度の能力ということとなります。

その二は、心神喪失中にされた行為です（713）。心神喪失の常況にあるということまでは必要ありません。自分の故意や過失によって生ぜしめたものである限り、これは一時的なものである場合でもよいとされております。もっとも自己の故意又は過失によって一時的な心神喪失状態におちいり、その間に違法行為をなした場合は例外とされます（713ただし書）。つまり、お酒を飲むと必ずといっていいくらいに意識を喪失して乱暴したりする者が、不

注意にもお酒を飲み過ぎてそんな行為をした場合などを考えればいいでしょう。

4　損害賠償請求権者

　損害賠償を請求することができる者としては、原則として損害を受けた人ということになりますが、これには自然人のほかに法人も含まれますし、胎児も含まれることとなります（721）。

5　損害賠償請求権の時効

　不法行為による損害賠償請求権には、短期消滅時効の制度があります。すなわち、被害者又はその法定代理人が損害及び加害者を知った時点から3年で消滅時効にかかります（724）。証拠関係も不明確となるし、計算の困難、あるいはその程度の期間の経過によって被害感情が薄らいでくることも関係するかもしれません。ここで注意すべきは、条文が「被害者又は法定代理人」が「損害及び加害者」を知ったことが要件となっているということです。ところで不法行為によって人の生命や身体と害した場合についての損害賠償請求権の（時効）期間は被害者又は法定代理人が損害及び加害者を知った時から5年間とされていることに注意を要します（724の2）。同時にこの場合にも行為の時から20年で時効にかかります。

　不法行為の時点から20年の経過によっても損害賠償権は消滅いたしますから（724条2号）。この20年間のほうが早く来てしまうということもあるかもしれません。最近の裁判例によれば、その行為などの時に結果が発生するものではなく、有害物質が身体に蓄積されていき、長期間経過後に健康被害が生じるような場合には、その健康被害が認識された時点が除斥期間の起算点とされるなどとしたものがあります（最判平16・4・27）。

6　特殊の不法行為

【事例】
① 私の弟は、まだ幼稚園児ですが、幼稚園の先生が目を離したすきに他の園児と喧嘩して、石で相手の顔を殴り、その子の右目を失明させてしまいました。
② 私は、居眠り運転をした長距離便のトラックに接触事故を起こされて、車などを損壊してしまいました。相手方の運転手は無資力ですから、その運転手の働いている会社から損害賠償を取りたいと思っていますが、どうでしょうか。

以上により不法行為の基本的なところについて一応の説明をしてみました。民法には、これらを基本的な類型として各種の不法行為の類型を有しています。一種の特殊不法行為類型ということができましょう。以下この特殊不法行為類型について簡単に見ておきたいと思います。

(1)　責任無能力者を監督する者の責任

　責任無能力者を監督する者についての責任について考えておきましょう。すでに見てきたように、不法行為責任としての損害賠償を負担させることができる相手方としては、責任能力者でなければならないとされております。この責任能力とは自分の行為によってどのような結果を惹起するかと理解するだけの能力といっていいでしょう。この判断は個々の行為者についてされることになります。そうなりますと、責任能力を有しない者から被害を受けた者は、全く救済を受けることができないことになるのでしょうか。それでは不合理な気がします。民法は、行為者が責任無能力者であるため直接責任を問うことができないような場合は（714）、これを監督すべき法定の義務が

ある者、例えば親権者であるとか後見人、児童福祉施設の長などといった者が責任を負うとしております（714②）。また同時に、これらの者に代わって責任無能力者を監督する者、例えば、託児所の保母さんとか、幼稚園の教員、精神病院の医師とかいうような者が責任を問われることとなります。もっとも、これらの者におきましても、その責任無能力者がそのような行為に出ないように十分に監督していた場合には責任を免れることができるとされています（714①ただし書）。

　このようなことからしますと、曲がりなりにも行為者において責任能力があるとなりますと、監督義務者に対して責任を問う方法がなくなってくる可能性があります。責任能力の有無が問題となるような者について損害賠償義務を負担させてみましても、実際問題としては、損害賠償の能力などない場合が多いことでしょう。そうなりますと、このような場合にむしろ責任能力を否定してもらって監督義務者の責任を問うことができるほうがありがたいといえるかもしれません。しかし、この点についての判例は、次のような注目すべき判断を示しています。これは判例としても非常に重要な部類に属するものでありますから、特に紹介しておくことにしましょう。

　事例としては次のようなものであります。すなわち、当時15歳になる中学3年生のAは、小遣銭がほしくて、中学1年で新聞配達のアルバイトをしている生徒から、このアルバイトとして集金してきたお金を奪おうとしました。同人を呼び出してしばらく雑談しながら、突然皮バンドを使用して同人の首を絞めてその場で殺害し現金を強奪したというケースでした。

　判例は、この者の年齢からして責任能力があることを肯定しました。しかし、同時にこの監督義務者である両親の責任をも併せて肯定しました（最判昭49・3・23）。その理由として次のように言っております。「未成年者の責任能力を肯定することができる場合であっても、監督義務者の義務違反と当該未成年者の不法行為とによって生じた結果との間に相当因果関係を認めることができるときには、監督義務者について民法709条にもとづく不法行為責任が成立するものと解するのが相当であって、民法714条の規定が右解釈

の妨げとなるものではない」(わかりやすいように多少文章を変えました)というのです。つまり、行為者に責任能力がある場合は条文が示しているように七一四条自体の監督義務者責任を追及することはできないが、具体的な状況によっては原則規定である民法709条の規定による責任追及の方法があるというわけです。そして、この具体的な要件としては、両親が子供を十分に監督していなかったことと、子供の不法行為がされたこととの間に相当因果関係があることが認められればよいとしています。要するに両親が子供をしっかり監督していなかったから、このような必然的な不法行為がされることとなったのだというような関係がある場合には民法709条責任があるとするのです。

この判例の立場は学説的によっても肯定されておりますし、しかも非常に重要な判例でありますから、しっかりと記憶にとどめておいてください。

(2) 使用者責任

使用者責任とは、ある事業のために人を使うことによって自己の営業活動などの範囲を広げる者は、自分がその営業などに使用している者が営業の上での事故を起こした場合に、使用者自身がその事故の責任を被害者に対して直接に負担するという制度ということとなります。

この規定が適用されるための要件としての第一は、ある事業のために他人を使用するということです。この要件は非常に広く解釈され、一時的な使用であってもよいし、非営利事業に使用するような場合であっても、あるいは無償での使用であってもよいとされています。また、実質的な使用・被用の関係さえあるならば、その基礎となっている契約が無効であってもかまわないとされています。要するに、使用者・被用者といった選任・監督という実質的な関係があればよいということです。この間の事情を客観的に考えてみて、被用者が使用者の事業に従事するという関係にあると見られればそれでよいというわけです。そこで、たとえば請負人のように注文者の地位から一

応独立して業務を執行する者は、一般には被用者に含まれないと解釈されます。請負人の行為について注文者が責任を負うこととなるのは、注文者がした指図とか注文について過失があって、そのことによって第三者に損害を与えたときだけです（716）。

　使用者責任は、ある事業のために他人を使用する者は、その被用者がその事業の執行について第三者に加えた損害について賠償をするという制度ですから、これはさきに説明したいわゆる報償責任の一類型といえましょう。これは土地の工作物責任（717）とともに、特に企業責任についての重要な機能を営む規定であるといってよいでしょう。要するに他人を自分の手足として使用し、利益の範囲を拡大している者は、反面、使用されている者が損害を発生させたような場合にはその損害を負担しなければならないということで、利益のみを享受するだけではなく、損害も負担すべしということを定めている規定であるわけです。

　次に要件としては、被用者が当該事業の執行について他人に損害を与えたことが必要とされます。もちろん被用者の行為それ自体が不法行為の要件を具備していることが必要とされています。

　もう一つ消極的要件として、使用者が被用者の選任・監督について相当の注意をした、または相当の注意をしても損害の発生が防止不可能であったと立証できなかったことが要求されます。ですから、これらのことを証明できれば使用者は責任を免れるわけであります。もっとも、この免責事由は非常に厳格に解釈され、その限りで使用者責任というのも無過失責任に近いということができましょう。

(3)　土地工作物の瑕疵に対する責任

　次の類型としては、土地の工作物の瑕疵に対する占有者・所有者の責任があります。すなわち土地の工作物に瑕疵があり、これがために他人に損害を生ぜしめたような場合には、まず第一にその工作物の占有者が責任を負担す

ることとなります。しかし、この占有者が、そのような損害の発生を防止するについての相当な注意をしたということを証明すれば、この責任を免れることができるとされています。そこで、この占有者がこのような証明をして自己の責任を免れた場合には、第二次的に所有者において工作物責任を負担することとなります。そして、この所有者が負担する工作物の責任の場合は占有者の責任と異なって、損害発生についてこれを防止するための相当の注意をしていたということを証明した場合であっても免れることはできないとされております（717①ただし書）。その意味で所有者の責任は何らの免責事由がないところから、一種の無過失責任ということができましょう。すでに説明した危険責任の原則の考え方にもとづくものということができましょう。

　工作物責任が認められるための要件としては、次のようなものがあります。土地の工作物から損害を生ぜしめたことが必要となります。土地の工作物とはいったいどのようなものをいうのかは、比較的広く理解され、道路、堤防、貯水池、建物、石垣、遊動円木など、土地と直接に関係しているような設備はだいたい含まれているようです。例えば、鉄道会社が必要な場所に保安設備を設置しておかなかったために事故が生じたというような場合は、やはり土地の工作物の設置または保存の瑕疵ということとなるでしょう。

　次の要件としては、土地の工作物の設置または保存の瑕疵ということが必要とされます。この「瑕疵」ということの意味でありますが、これはその物の本来備えているべき性質とか設備が欠けていることといえばいいでしょう。この瑕疵は故意や過失によって生じたことは必要ないとされております（この瑕疵というのは一種の客観化された過失であるということから、完全な無過失責任ではないのではないかということがいわれます）。

　次に、損害がこの瑕疵から生じたということが必要とされております。もっとも、この瑕疵だけが唯一の原因でなくてもいいとされていますから、他の原因との競合によって生じてきたものであってもいいことは当然でしょう。

　工作物責任が認められた場合の第一次的責任者は占有者です。これについ

ての免責事由がある場合には、第二次的責任者としての所有者が出てきます。この占有者はまたは所有者のほかに「その責任を負う者」がある場合には、賠償を支払った占有者や所有者は、この者に対して最終的に求償することができることとなります（717③）。また竹木の「植栽又は支持」に瑕疵がある場合には、土地の工作物に準じて取り扱われることとなります（717②）。

(4) 動物の占有者の責任

次の類型としては、動物の占有者の責任があります。つまり、動物の占有者またはこれに代わって動物を保管する者は、その動物が他人に対して加えた損害については賠償する責任があります（718）。例えば犬の引き起こした事故などを念頭に置けばいいでしょう。もっとも、判例を眺めてみますと、犬だけでなく、牛とか馬とか猿とかいろいろの例があります。なかなか興味深いところです。

この責任においても、動物の種類および性質に従って相当の注意をもって保管していたことを証明することができれば責任を免れるものとされております（718①ただし書）。

(5) 共同不法行為

次に見ておきたいのは、いわゆる「共同不法行為」であります。これは数人が共同して不法行為をすることでありますが、この類型には3類型があります（719）。

その①は数人が共同して1人に対して暴行をふるうというような、その各人のそれぞれの行為自体をとりあげてみても、それぞれが独立して1つの不法行為を形成するような行為がそれに該当します。これが狭義の共同不法行為です。民法は、このような共同不法行為の場合は、その結果については共同者が全員で連帯責任を負担するとし、被害者の保護を考慮しています（719

①)。

　その②は、右のような場合にだれかの行為によって被害者に傷害を与えたことはまちがいないのですが、だれの行為によってこれが生じたかが不明な場合においても、この傷害の責任まで共同不法行為が連帯して負担するとされるものがそれです（719①ただし書）。このような場合において、本来であれば被害者に対して傷害を与えた者自身が損害を賠償する責任を負担するということとなるはずでありますが、傷害を与えた者を特定できないところから、「公平」という観点ももちこんでこのような方法がとられ、被害者保護が図られたものであります。

　判例においては、甲、乙という二つの工場が廃水を流していて、この複合汚染によって損害が生じたような場合について、甲が「乙の廃水だけで十分に許容量を越えている場合であるから、甲の廃水が加わったからといって被害とは因果関係とない」と主張したのに対して、その主張を排斥し、「甲は自己が排出した廃水との相当因果関係あるすべての損害について賠償しなければならない」として共同不法行為の考え方を採用しているのが興味を引きます（最判昭43・4・23）。

　その③は、教唆者や幇助者の責任に関する場合であります。この場合にも、直接には加害行為自体には加わっておりませんが、被害者保護という観点からすると、このような者についても連帯責任を負担させるのも当然ということとなりましょう。

　この共同不法行為という分野においては、現在でも学説・判例が錯綜していて、統一されておらず、さまざまな、しかも複雑な問題が残されています。共同不法行為の理論は、今日の公害による損害賠償などの問題を検討するについて、重要な理論的根拠を与えることとなるといえましょう。

第Ⅴ編　権利の実現と救済
　――権利の実現はどのように図られるか――

第1章　現実的履行の強制

　先に民法と訴訟法ということで、民法という実体法と、ここに規定されている内容の実現を図るための手続法の機能にふれておきました。いかに権利があるからといって、その権利を実現するための手続がとられないと権利は絵に描いた餅になりかねません。

　その意味からいいますと、民法が権利があると認めてくれることも重要ですが、この権利の履行を確保するためのシステム（訴訟法）というものもたいへんに重要となります。民法は実体法であるといいましたが、それでも権利、特に債権という債務者の履行行為をまって権利の目的を達成することができる性格の権利についてのさまざまな履行を確保するための手続的な規定を置いております。

　債権という権利があるといっても、債務者がすすんで義務の履行をしてくれなければ債権という権利の実現はあやぶまれますし、まして債務者が無資力になれば債権は意味がなくなってしまうかもしれません。資力が十分でない状況に加えて多数の債権者がいる場合にも同様の心配がありそうです。

　あるいはまた、債務者が不誠実な人間であって債務の履行をしようとしない上、自分の財産についてさえ、これを隠匿するような行為をしたり、あるいは、どうせ高額な債務があるのだからということで積極的に自分の財産を減少させるような行為をしたりする場合などに際して、債権者としては手をこまねいて見ていなければいけないのでしょうか。

　やはり裁判制度がありますから、裁判の力に依存することができることになります。債務者が自分の債務について履行しようとしない場合には裁判に訴えて判決を取得し、これによって強制執行の手続をとることができます。しかし、このような手続では、債務者に財産がない状態となってしまっている場合には無力ということとなります。

ここでは、そのようなさまざまなことを考えながら、権利（特に債権）についての実現と救済といった観点から、各種の制度、とりわけ担保として機能する諸制度について説明しておきましょう。

【事　例】　私の家の前のＡさんが先月から住宅建築工事を始めたのですが、夜中にわたってまで工事をするため、騒音でたいへんな迷惑を受けておりましたところから、交渉をして夜九時以降は工事をしないという約束を取り付けました。１週間ほどは守られたのですが、最近はまた始めました。何とかならないでしょうか。

いくら債権があっても債務者が知らん顔でこれを履行しなければ、債権は無意味となってしまいます。でも、それでは権利があるともいえないことになります。そこで民法においては、債務者が債務の履行をしようとしない場合、強制的な手段でこれを実現させようとします。ここでは、この具体的な手段について説明しておきましょう。

この強制履行方法としては、３つの手段があります。

その一つは、いわゆる「直接強制」の手段です。これは、裁判上の手続を介して債権の内容を強制的に実現させる方法です。例えば、物の引き渡しが債権内容となっているような場合に目的物を債務者から取り上げてしまい、これを債権者に引き渡す方法がそれです。金銭その他の物の引き渡しを目的とする債権においては、国家が執行官その他の機関を用いて、直接の債権の実現を図ることとなります。建物の明け渡しを目的とする債務であれば、執行官が債務者からその建物を取り上げ債権者に引き渡してくれることとなるし、また金銭の支払いを目的する債務であれば、債務者の財産を差し押えて競売し、その代金の中から必要な支払いをしてくれるという方法となります。

このような具体的な内容をもった強制履行の方法がいわゆる「直接強制」です（414①）。

第１章　現実的履行の強制　189

その二としては、いわゆる「代替執行」の方法があります。債務者が建物を収去するとか、謝罪公告を出すとかいうように、債務者が一定の行為をすることを内容とする債務であって、これを別人が実行できるような性格をもつ場合にとられる手段です。このような債務がある場合、債務者の身体を拘束して強制的に仕事をさせるようなことはできませんから、第三者にこの仕事をやってもらったり、債務者に代わってその行為をしてしまい、その費用を債務者から徴収する方法がこれに該当します（414①）。

その三としては、いわゆる「間接強制」の方法がこれに該当します。例えば電力会社とかガス会社などのように、事業を独占的に行なっている会社が債務を履行しないような場合について考えてみますと、他の者がこれに代わって債務を履行することはできないし、また、これが直接強制の手段になじまないとなれば、いったいどのような手段によればいいのでしょうか。このような場合については、裁判所が一定の期間内に電気やガスの供給をなすべきことを命じ、この間に供給がされない場合には一定の損害賠償を支払うべきことを命ずる方法をとります（民事執行法172①）。

このように普通の債権にあっては、このうちのどれかの手段によってそれぞれ目的を達成することが可能です。しかし、いずれの手段にもよることができない場合もあります。例えば、夫婦の間で同居義務を履行しない相手方に対して、これを強制する方法は、これらの手段によることはできません。これについては代替執行ができないのは当然で、直接強制・間接強制の手段も、配偶者の人格権ということを考慮するとできないとするのが、判例の立場です。

ここで同時に記憶しておいてもいいのは、このような夫婦の同居義務違反に対しては強制履行の手段は無力であるが、幼児の引き渡し請求権については間接強制が可能だというように判例は判断している点です。

要約すれば、「直接強制」は、金銭の支払い、物の引き渡しなどのように「与える債務」についてで認められるものです。一定のことを「する」「しない」ことを目的とする債務（これを「為す債務」といいます）については、

間接強制、代替執行のいずれかを選択して行うことができます。このような強制的手続についても債務者の人格の尊重ということが問題をされます。そこで従来民事執行法では、間接強制の手段は代替執行ができない場合にのみ認められる補充的制度と考えていました。しかし、履行する気になれば簡単に履行することができる債務について間接強制の手続がとうれても仕方がないではないがと考えられるようになり、債権者の申し出があれば、物の引渡し執行や代替執行が可能は作為債務・不作為債務について代替執行でも間接強制でも行うことが許されます（民事執行法173①）。しかし、そうはいっても、債権の中には「代替執行」にも「間接強制」にもなじまないようなものもあります。これについては、最終的には損害賠償によって満足する以外にないことになります。

　以上について整理をして一覧表にまとめておくことといたしましょう。

```
与える債務 ┬ 金銭債務 ……………………………………………………… 直接強制（民四一四Ⅰ本文）
          │                                                    （民執四三～一六七の一四）
          └ 物の引渡債務 ……………………………………………………
                                                                （民執一六八～一七〇）

為す債務 ┬ 作為債務 ┬ 代替的作為債務 …………………… 代替執行（民四一四Ⅰ本文、民執一七一）
        │          │
        │          └ 不代替的作為債務 ┬ 債務の性質によってはすることができないこととなる
        │                              │
        │                              └ 間接強制（民執一七二）
        │          
        │          意思表示をすべき債務 …………………… 特別規定（民四一四Ⅰただし書、民執一七四）
        │
        └ 不作為債務 ┬ 違反が有形的な状態で存続 ┬ 代替執行（民四一四Ⅰ、民執一七一）
                    │                            └ 将来のための処分（民四一四Ⅰ、民執一七一）
                    │
                    └ 違反が無形的 ┬ 一回的な不作為給付 ……… することができない
                                   └ 回帰的・継続的な不作為義務 … 間接強制（民執一七二）
```

第2章　債権者代位権と債権者取消権

【事　例】
① 私は、Aから建物を購入したBから、その建物を買ったのです。代金も払ったのですが、登記がまだAにあるということで私に移転してもらえません。どうしたらいいのでしょうか。Bは私が代金を払ってしまったことからめんどくさがって積極的に行動してくれません。
② 私は、Aに対して五百万円貸金がありますが、Aは唯一の不動産以外は財産がないようです。ところが、先日、この不動産を他の債権者であるBに非常に安く売ってしまったようです。これは何とかならないでしょうか。

　債務者がことさらに自分の財産の減少を図ったり、あるいは自分の財産の減少などに対する保全措置をとらないような場合には、債権者としては、自分の債権がそのために確保することができなくなってしまうかもしれません。
　いかに他人の財産権とはいえ、その人がことさらに財産を散逸させ、あるいは自己の財産保全をしようとしないために、自分がその者に対して有している債権がみすみす確保できない状態となってしまうのを、手をこまねいて見ていうというのは酷でありましょう。このような場合に対処するために、民法は「債権者代位権」（423）と「債権者取消権」（424）という制度を用意しています。

1　債権者代位権

　例えば、債務者がある人に対して債権を有していて、これを取り立てさえすれば自己の負担する債務を弁済することができるのに、自分は無資力でありどうせ債権回収をしてみても自分の債権者から取り立てられてしまうということで、自己の債権については放置したままでいるために、この債権が時効にかかってしまいそうになっている場合、債権者においては、自己の債権の履行の確保を図る趣旨で、この債権について債務者に代わって当該債務の時効中断の措置をとったり、あるいは当該債権の取り立てをする措置が認められているのです。これが「債権者代位権」という制度です。この債権者代位権は一般債権の保全・確保の趣旨で認められた制度なのですが、最近は、この制度が単純なる一般債権保全・確保の範囲にとどまらず、特定債権の保全といったところまでに趣旨を拡張して活用されるようになってきています。

　例えば、甲が自己の有する不動産を乙に売却し、乙がこれを丙に売却した場合において、登記が甲に残っている状態にあるために、丙は乙に対して甲からの移転登記を受けて、これを丙に移転してくれるように求めたが、乙が行動をとろうとしない場合に、この登記請求権の履行を確保するために丙は乙に代位して甲に対して乙への移転登記を請求し、乙への移転登記を履行させたうえで自己への移転登記を請求することができるとされます（423条7）。一般債権の履行確保にとどまらず、特定債権の履行確保についても、債権者代位権が機能する余地を認めております（いわゆる「債権者代位権の転用形態」といわれるものです）。もともと債権者代位権というのは一般債権の履行確保という点から認められた制度でありますから、本来は、これが認められるためには、強制執行しようとしても、問題になっている権利行使をしようとしない債権を除いては債務者が資産がなくて無資力であるということが要求されるのが一般であります。しかし、このような転用形態としての代位権については、この無資力要件を要求する必要がないのが当然であります。

そこで、このような債権者代位権の転用形態の場合については、この無資力要件を必要とせずに債権者代位権が認められております。
　つまり、ここでの問題というのは、債務者の財産保全を図るために、自己が債務者に対して有している債権の効力をどこまで広げることができるかという問題であります。
　債権者代位権という権利は必ずしも裁判で行使する必要はありません。また、代位権を行使する場合には、自分が債権者に対して有している債権自体の期限が到来していて行使できる状態にあることが必要とされています。もっとも、単純な保存行為をする場合や裁判上での代位権行使の場合には、必ずしも期限の到来している必要はないとされています（423②ただし書）。

2　債権者取消権

　単に債務者が自分の権利を行使しないばかりではなく、債権者を害するような行為をことさらにしようとする場合にはどうなるでしょうか。債務者が自分の権利を行使しようとしないで権利が消滅するなどの危険性が出てきた場合については、債権者代位権が行使されるわけですが、これには限界があります。つまり、債務者が積極的に権利行使の手段に出たような場合には、これがいかに不当な行為であろうと、もはや債権者代位権は行使することができないという点です。ここに債権者取消権が必要とされてくるわけです。
　債務者が自分の権利を行使しないばかりではなく、債権者を害する目的で積極的に自己の財産の安価な処分とか、理由なく他人に贈与するなどの不当な無償行為をするような場合に問題が出てきます。このような行為がされますと、債務者の財産が減少するわけですから、債権者の債権の履行が困難となってきます。民法では、こうした場合に、債権者において、このような不当な行為を取り消して債務者の財産状態を元に戻してやって、自己の債権の履行確保を図ることを認めています。これが債権者取消権です（424）。
　この権利は、債務者が自分の財産について自己の権限にもとづいてした行

為に介入するわけですから、この要件としては、債務者においても、あるいは行為の相手方においても、債権者を害することを知りながら行為をしたことが必要とされます（詐害の意思）。また、同時にこの制度は一般債権者を保護する制度ですから、債務者が無資力であることが必要とされます。

この権利が行使されれば、取引は当初に遡及して取り消され、財産は債務者に復帰します。

この債権者取消権という制度上の権利は、債権者において債権者を害する行為がされたことを知ったときから2年間、または詐害行為時点から10年以内に行使しないと消滅します（426）。また、この権利は裁判上で行使することが必要とされています。権利行使にあたり、債権者が債務者や第三者の詐害の意思を証明することが困難とされることから、債務者が破産したような場合には、この要件が緩和されて、債権者の保護が図られております（破産法160〜176）。

第3章　債務の履行と担保制度
——物的担保制度と人的担保制度——

【事　例】
① 　私は、Aに百万円貸してダイヤの指輪を質に取りました。期日に貸付金を返してもらえないときにはどうしたらいいのでしょうか。
② 　私はBの家屋を抵当に取ったところ、火災によってその家が焼けてしまいました。多額の保険金が入るそうです。この保険金から優先的に弁済を受けることはできないのでしょうか。
③ 　私は、「形式だけのことだから、決して迷惑をかけない」という友人の依頼に応じて友人が借金をするについての連帯保証人となりました。連帯保証人というものの責任を教えてください。

　AがBから借金をするに際して、BはAの個人的な信用（Aという人は誠実な人柄であるから、約束の期日には確実に返済してくれるだろうという信頼）だけを頼りにして高額の融資をするのは不安なのが普通でしょう。そこで「何か担保となるものはありませんか」ということになります。つまり、担保となる品があった場合には、これを提供してもらって、Aが約束の期日に返済をしてくれない場合には、この品物を売却して（あるいは、この品物の所有権を取得することによって）、その売却代金から債権の支払いを受けようとすることでしょう。

　これが物的担保ということになります。ここでは、この物的担保制度というものについて概観してみましょう。

1 質　　権

　質権とは、貸主が、貸金の担保として借主または他の者から担保として提供を受けた品物を手もとにとどめ、もし債権の弁済が得られない場合に、目的物を公の手続によって売却し、代金の中から他の債権者に先立って自己の債権についての弁済を受ける権利のことをいいます（342）。

　質権は対象物の引き渡しを受け（質権の成立には現実に物が交付されることが必要とされます）、権利者がこれを自分の手もとに置くことが特徴といえましょう（質権設定者に返してしまうことはできません）。つまり、質権者が品物を自分の手もとに置くことによって、質権設定者は、これを自分の手もとで利用できない不便さを味わうこととなります。また、例えば先祖伝来の品というようなものを他人の手もとに置いているというような苦痛を味わうこととなるものです。そのようなことから、その不便や苦痛状態を解消するためにも、金銭の返済をして品物を手もとに取り戻したいということで弁済が促されることでしょう。ですから、質権といいますのは、その権利の対象とされる品物がなるべく借主個人の主観的価値が高いものである場合が効果的なのです。借主も個人的・主観的な価値が高いものであればあるほど借金の返済をしようとするはずです。目的物の経済的な価値が高ければ、債権の返済がされないような場合には公の競売を通じて債権の回収をすることになります。

　質権について、債権の弁済期が到来してのちに、債務者が、債務の返済ができないからその品物を公の競売を経ないで品物で取ってくれるように希望する場合は、質権者がこの品物の価値を評価した上で、公の競売手続によらないままで、いわゆる流質の手段で品物を処分できることとされています（349）。しかしながら、この流質は、あくまでも債権の弁済期到来後において、債務者が希望する場合にのみすることができるものであり、この要件が満たされない場合には流質の手段によることはできません。もっとも、街の質屋

さんの場合は質屋営業法上の質屋であり、民法の規定によっているわけでなく、これによると流質が広く認められております。

　質権の対象とされるのは動産であることが一般的です。この場合においては質権が成立するためには質権者への目的物の交付が要求され、しかも質権者が目的物の交付を受け、自分でこれを占有していないと権利行使することはできないとされています（352）。ですから、他人から目的物を詐取されたような場合には、質権にもとづいて返還を請求する権利はなくなります。しかし、目的物を他人に奪われた場合には、いわゆる占有回収の訴（奪った目的物を返還せよという主張であり、この訴の要件として占有が奪われたことが挙げられる、民法200条参照）により占有が回復されれば質権も効力を維持することとなります（353、200）。

　質権の場合、債権の価値に比較して十分の価値を有する品物を確保しておけば、いざ債務の履行がされない場合でも、自己の債権の履行を図ることができるわけです。もちろん、債務者が当該目的物を質権者の手もとに置いたままで第三者に売却していたり、多数の一般債権者がいたりする場合や、債務者が全くの無資力となっているような場合においても債務の優先的な履行が確保されることとなるわけです。

　質権は不動産を対象としたり（356）、あるいは債権などの権利を対象としたりする場合もあります（362）。最近では質権の活用自体が少なく、特に前記不動産質などはあまり有用なものとはされていないようですが、債権などの権利を対象とする権利質は比較的活用されているようです。

2　抵当権

　抵当権とは、金銭の借主または第三者がこの債務の履行を確保するために、その所有する不動産を借金の担保として差し入れた上で、その不動産については従来と同様に設定者の手もとにとどめて利用を継続させながら、いざどうしても借金の返済がされない場合に、初めてその品物を公の競売手続に

よって売却し、その売却代金から貸金の返済を受ける制度のことをいいます。担保物権のうちいちばん活用される制度です。それは、抵当権という担保物権が非占有移転担保（目的物の引渡しをしない担保）としての特色を有しているからだといっていいでしょう。つまり、不動産を抵当に入れても、目的物についての従来からの使用状態は続けられるわけです。現に利用している生産設備を担保として生産金融の便宜を受けるのに、最もふさわしい担保手段ということになります。

　抵当権は質権の場合とは異なり、抵当権者において目的物を占有して設定者が目的物を使用できないということから弁済を促すというような機能（これを「留置的機能」といいます）はもっておりません。債務の弁済がされない場合には目的物を競売して売却代金から他の一般債権者に先立って弁済を受ける機能（これを「優先弁済的な機能」といいます）を有しているだけです。物のもっている客観的な経済的価値にのみに依存するところの担保手段であり、ある意味ではいちばん近代的な制度といってよいでしょう。要するに担保提供者の主観的価値などというものを通じて債務の弁済を促す（債務者に心理的圧迫をかけて）というような制度は、やはり非近代的な制度だからです。

　抵当権が対象とするのは、原則としては不動産です（369）。抵当権というのは不動産についての物権ですから、登記を対抗要件とします（177）。つまり具体的にいえば、Ａがその所有する不動産を、Ｂから借金をするについて抵当に入れたとしましょう。ところが、抵当権の登記をしないでいるうちに、Ａがこの物件をＣに対してさらに二重に抵当に入れ、抵当権設定登記まで済ませました。そうなりますと、Ｂの抵当権はＣの抵当権よりも先に成立していたのに、Ｂはこの抵当権をＣに対して対抗することができないことになります（177条）。そこで、目的物の競売がされたとしましても、この競売代金から一番抵当権者であるＣが弁済を受けて、残余金額がある場合にのみＢは弁済を受けることができるのです。また、Ｃが所有権を譲渡されその登記をしてしまった場合においては、Ｂは抵当権自体をＣに対抗することができ

ず、無権利同様となってしまうのです。

　どうして抵当権の場合にそう扱われるのかといいますと、抵当権の場合には質権の場合と違って、担保の提供者が目的物を引き続いて手もとに置いていますから、当該不動産が担保に入ったのかどうかについては、外観だけからではわからないところに原因があります。抵当権も物権ですから、同一物上に同時に存在することが矛盾するような物権は二重に成立しないという一物一権主義によって支配されています（一番抵当が成立してしまえば、その後の抵当権は二番抵当なり三番抵当となってしまいます）。そこで、その物が抵当に入れられていることを知らない第三者が当該目的物について権利を取得したような場合には、予想外の損害を受けることになってしまいます。抵当権については目的物の占有を権利者に移転させることによって権利関係を公示することができないため、登記簿に権利関係を登記することによって権利関係を公示し、同一物件について取引に入ろうとする人が予想外の損害を受けたりしないようにと配慮しているのです。ですから、不動産以外の物につきましても抵当権の対象とされるものがあります。例えば、自動車、航空機、建設機械、船舶その他ですが、これらの動産はいずれも特別法によって登記や登録の制度の対象とされているものです。要するに抵当権の場合は占有非移転担保ですから、占有の移転に権利公示の方法を求めず、登記や登録に求めざるをえないこととなり、結局は登記や登録の制度をもっている物について抵当権の設定が認められるわけです。したがって民法の規定するところでは不動産の所有権、地上権、永小作権のみがその対象とされます（369）。

　ところで、質権の場合も同様でありますが、抵当権という担保物権には次のような性格があるとされています。簡単に説明しておきましょう。

　(1)　不可分性

　例えば、100万円の借金のために抵当権を設定した場合に、すでに99万円の返済がされていても、残額がある限り、抵当権は全面的に残っており、その優先弁済的な効力によって抵当権の目的物の全部について競売すること

ができるのです（372、296、350）。要するに抵当権という権利は、債権の全額の確実な弁済を目的として存在している権利ということができるでしょう。

(2) 物上代位性

抵当権という権利は、ある財貨が有している経済的な交換価値を優先的に把握する物権ということになります。ところで、例えば建物について抵当権が設定されている場合において、当該建物が火災によって焼失してしまったケースを考えてみてください。もともと物権という権利は、その対象物が滅失した場合には消滅するものです。そこで、このような場合に抵当権が消滅することは当然といえば当然でしょう。しかし、ここで当該建物について火災保険がかけられていたような場合にはどうなりましょうか。当然に保険金が入ってくるでしょう。しかし、この保険金というのは、抵当権が優先的に把握していた目的物である建物がその姿を変えた価値そのものといえましょう。価値権たる抵当権について、このような場合は抵当権は消滅してしまい、保険金請求権については抵当権者であった者も一般債権者の一人として他の者と平等の立場で配当を受けるというのはいかにもおかしいことになります。そこで、民法は、このような場合には、保険金請求権とか損害賠償請求権とかいうように目的物の滅失などによって債務者が取得するはずの金銭支払請求権の上に抵当権が乗り移っていくものとして、このような保険金請求権とか損害賠償請求権とかについて優先弁済権を行使していくことができるとしたのです（304、372）。これが抵当権の物上代位性という性格です。抵当権者がこの権利を行使するためにはこの保険金や損害賠償金などが支払われる前に保険金請求権や損害賠償請求権を差し押えるという手続が必要とされます（304①ただし書）。つまり、このようなお金が債務者に支払われてしまえば、債務者の一般財産に混入してしまいます。そうなった段階で抵当権の優先権が行使されると他の財産についてまで優先弁済効が及んだかのような結果となるおそれがありますから、これが払われて一般財産に混入してしまうことを防止する趣旨だと理解されています。

(3) 附従性

　抵当権という権利は、債権の履行の確保を目的としています。ですから、抵当権はあくまでも債権の便宜のためにあるのでして、それ自体が独自の存在価値を有しているものではないと理解されています。そうなりますと、抵当権はこれによって支払の確保を受けるはずの被担保債権が存在していなかった場合には成立しなかったこととなりますし、いったん成立した抵当権も被担保債権が途中で消滅した場合には消滅するし、また抵当権の実行も被担保債権が存在しなくなっていればすることができないことになります。もっとも、この性格をあまりに厳格にいいますと、与信業務というものが滞ることにもなりかねません。そこで、抵当権などにおいては、この附従性が比較的緩やかに理解されるようになってきています。

　抵当権のうちのいわゆる根抵当権については、実行段階においてこの附従性が要求されますが、他の場面では、その適用はほとんどありません。根抵当権とは、例えば、ある企業が一定の銀行と継続して取引をし、継続的融資を受けようとする場合、借金をすることにくり返し抵当権の設定を受けるのは、手続の煩雑さばかりでなく、費用的にも負担となるはずであところから、一定の取引関係を通じて将来において発生、変更、増減する不特定債権について一定時点において一定額まで担保するために認められた抵当権のことです（398の2〜22）。この場合には、これが根抵当権である旨と、被担保債権の範囲と極度額を登記しておくことが必要とされています。この根抵当という制度は、実務上非常に便利に活用されている制度ですので、十分に理解しておきたいところです。

(4) 随伴性

　抵当権には随伴性という性格があります。これは先に見た附従性の兄弟といってもよい性格でしょう。つまり、附従性で説明したように、抵当権は被担保債権に奉仕するための存在ですから、債権を離れては独自の意味がないこととなります。そこで、債権が譲渡などによって移動した場合には、特別の事情がない限り抵当権もいっしょに移動するという性格がこれです。附従

性の議論と関連させて理解しておきましょう。

3　保証と連帯保証

　今まで検討してきたのは、債権の履行を確保するために、客観的な価値を有している物の価値をもってする担保物権の制度でした。これは物をもって担保とするというところから、「物的担保制度」ということができましょう。このような客観的な価値をもっている物を対象とする担保はなかなか有効な手段となります。しかし、融資を受けることを希望するすべての者が担保に供することができる物を有しているわけではありません。そこで、このような物的担保に依存することができない者としては、他人の資産ないし信用を提供してもらって、これを担保として借金をする方法もあるのです。これは物によって担保するのではなく、人によって担保するという意味において「人的担保」ということができましょう。保証とか連帯保証とかがこれに該当します。

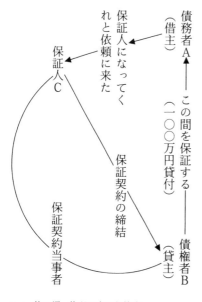

　つまり、自分には財産はないけれども、自分が支払うことができないときは「私が代わって支払いましょう」という奇特な人があり、しかも、その人が資産家であるなれば、債務者に貸してやっても大丈夫ということになります。

　保証には単純保証と連帯保証とがあります。単純保証とは、借主が債務の弁済をしないような場合は、借主に代わって他の者が支払いをするという責任を負担する制度であり（446）、また連帯保証とは、保証人

が債務者と連帯して返済の責任を負担する制度のことです（454）。これらは、保証人となる者と貸主となる者との契約によって成立します。債務者は契約の当事者とならないところに特色があるといってよいでしょう。

　もちろん、保証というものは、主たる債務が履行されない場合に効力を発揮するものでありますから、主たる債務が実は当初から存在していなかったり、貸付行為が無効であって、それがために当初から債務が存在しなかったりしたような場合は、保証債務もなかったこととなるのが原則です（保証の附従性）。また保証によって担保されている債権が他に譲渡されたような場合には、保証もこれに随伴することとなるのが原則です（保証の随伴性）。

　単純保証は、主たる債務者が弁済することができない場合には保証人がこれに代わって弁済をするということを内容としています。その意味で単純保証の場合は保証人の責任は補充的であるということができましょう（保証の補充性）。そこで、貸主がどうせ主たる債務者に催促してみても払えないであろうというような判断から、いきなり保証人へ催促してきたような場合には、保証人としては、自分のほうに催促する前に、まず主たる債務者に催促してみてくれ、そうでなければ自分は払わない、というように抗弁できることとされています。これが「催告の抗弁」といわれるものです（452）。これは単純保証が補充性を有しているところから認められる抗弁といえましょう。

　貸主が、それなら催促すればいいのだろうということで、債務者にいいかげんな催促をしただけで、また保証人に請求してきたのでは、あまり意味がないということがいえそうです。そこで、民法はもう一つ「検索の抗弁」を認めております（453）。つまり、このような場合には、保証人は、債務者のところに簡単に強制執行をなしうるだけの財産があるということを証明して、そのような状況にあるのだから、まず債務者に強制執行をしてみてくれ、ということを抗弁として主張することができます。そうなりますと、債権者としては、強制執行をしたあとでなければ保証人に請求することはできなくなります。この検索の抗弁権はなかなか効力があるわけです。このような催促の抗弁や検索の抗弁というのは、保証債務の補充的な性格から出てくるもの

といえましょう。

　連帯保証の場合にはどうなるのでしょうか。連帯保証というのは単純保証と違い、主たる債務者と同一の立場に立って弁済するものですから、補充性をもっていません。そうなりますと、単純保証に認められた「催告の抗弁」も「検索の抗弁」もないということになります。要するに債権者に対する関係においては、連帯保証人の立場は債務者の立場と同様となるといっていいわけです。ですから、債務者に催告もせずに連帯保証人に催促してきた場合には、連帯保証人としては自分で払ってしまって、後に主たる債務者に求償していけばいいこととなりましょう。単純保証と連帯保証とは相当に異なっているということを知っておいてほしいのです。

　単純保証と連帯保証との差異をまとめておきましょう。

　このように保証契約というものは保証人に保証を受ける債務者の負担する債務の弁済をする責任を生じさせるものです。とりわけ連帯保証の場合には自らが債務者になったのとほとんど変わらない立場になります。連帯保証人には催告の抗弁も検索の抗弁もありませんから、債権者が主たる債務者の請求せずにいきなり連帯保証人委請求してきた場合には自ら弁済をしなければなりません。その後になってその支払い分を主たる債務者に求償することになり、主たる債務者が資力がないような場合には損害を回復することができません。単純保償の場合も催告の抗弁や検索の抗弁があるものの、主たる債務者が無資力であるならば、やはりその債務の弁済を強制されることになり結局は連帯保証の場合

単純保証人の立場	① 催告の抗弁——まず主たる債務者に請求せよ。 ② 検索の抗弁——まず主たる債務者に強制執行をせよ（債務者に執行が容易な財産があることを証明する必要がある）。	主たる債務が減少すれば保証債務も減少し、主たる債務が消滅すれば保証債務も消滅する。
連帯保証人の立場	催告の抗弁なし。 検索の抗弁なし。	

と大した違いはないということになります。このような保証契約をするについては慎重にすることが重要です。そこで、民法はこのような連帯保証の場合も単純保証の場合にも単なる口頭での保証契約に効力を認めず、書面によってした場合に限って有効なものとなるとしております（446②）。

保証人がいる場合の債権者の立場からすると一人よりも二人、二人よりも三人というように保証人は多いほど回収の可能性が高くなると考えてしまいますが、単純保証証の場合には保証人にはいわゆる分別の利益がありますから思いがけないことになります。すなわち、保証人が各別の行為によって保証をしている場合にはそれぞれの保証人はそれぞれが等しい割合で責任を負担するにとどまりますから（456、427）、信頼できない保証人が増えるとかえって各保証人の確実な弁済を受けることができなくなる可能性があります。保証人のこのような利益のことを「分別の利益」といいます。

4　売渡担保と譲渡担保

いわゆる物的担保に属する制度として特に民法自体に規定されていないような制度の2、3について、簡単にふれておきます。まず問題とされるものに「売渡担保」と「譲渡担保」があります。

民法が認める物的担保で当事者が約定によって設定することができるものとしては「質権」と「抵当権」がありますが、質権での設定には対象となる目的物の引き渡しをすることが要求されますから、目的物を自分の手もとに置いてこれを自分で利用しながら担保に供することはできません。一方、抵当権の場合には目的物を自分の手元に置いてこれを使いながらお金を借りる手段として使える制度です（369）。そこで抵当権が設定されたことを登記しておかなければなりませんから、対象となるものが不動産に限定されています。そうなってきますと動産について設定者において利用し続けながら担保に供することは質権でも抵当権でもうまくいかないことになります。そこで利用されるのが次のような方法です。まず、担保に入れたい品物について、

担保権設定者と担保権者とで一応の売買契約を締結し、売買の形式を踏んで目的物の所有権が移転され、相手方から売買代金が支払われます（実質的借金）。同時に当該売買の目的とされた品物について、売主が買主から賃借する形をとるのです。そして、一定期限までに代金（これは実質的には借金ですが）を支払えば品物を買い戻すことができる旨の約定を結んでおくのです。このことによって、動産である品物を手もとにとどめながら、これを担保に供することができ、金融の便を受けることができるわけです。もちろん、一定期限までにお金を返済できなければ、その品物は戻ってこないこととなってしまいます。この制度がいわゆる「売渡担保」といわれる制度であります。

これと非常に類似したものとして、「譲渡担保」といわれる担保形態があります。この場合には、一応は金銭の消費貸借という契約の形式を踏みまして、その借金の担保として債務者が所有動産などの財産権を譲渡し、同時にこれを債権者から借用し、その上で債務者が約束どおり元利金を返済すれば、その時点で品物が借主に返還されるという構造をもつのが譲渡担保です。債務の弁済が結局されなかったというような場合には、目的物の所有権は債権者に帰属したままとなりますが、目的物の価値が被担保債権の額を超えるような場合には、差額の清算が債権者に要求されるということが最高裁判所によって認められています（最判昭46・3・25）。

この二つが実務上でも広く利用される非典型担保契約です。しかし、このほかにも、仮登記を利用した上で不動産などを担保とする仮登記担保契約（代物弁済予約の形式が多い）などもあります。これにつきましては特別法が制定され（「仮登記担保契約に関する法律」がそれです）、その手続などについて規定しております。目的物の価値と被担保債権の額との差額を清算金として吐き出すことが厳格に要求され、これがされない以上は仮登記を本登記にすることができず、なかなか債権者にとっても厳しい法律となっております。

詳細な説明をする余裕はありませんが、この法律についても研究されることが望ましいと思います。

5　相殺について

(1)　相殺の意義

　相殺(そうさい)の制度について説明しておきましょう。

　例えば、AがBに対して10万円の借金をしており、反対にBはAに対して15万円の債務を負担しているとしましょう。AにしてもBにしても、相互の心の中では、その差引計算をしていて、BはAに対して5万円の借金をしていると考えているでしょうし、AはBから5万円を返還してもらうと考えているに相違ありません。

　この状態にあってAが突然に破産したらどうなりましょうか。『相殺』制度を度外視して考えてみますとたいへんなことになります。BはAの破産管財人からAがBに対して有していた15万円の債権の金額取り立てられるでしょう。反対にBがAに対して有していた10万円の債権については、他の一般債権者が多数いたような場合、Aの財産が不足しているために他の債権者と按分比例して配当を受けられるにすぎないかもしれません。わずか3万円の配当を受けるにとどまることもありえます。こうなると、当初は当事者間では相互に有していた債権については対等額について清算されたものと理解していたものが、一方の破産によって事情が一変してしまうというのはいかにも不合理です。

　このようなことから相殺という制度が存在しているのです。このような場合において、当事者の一方から相殺を主張することによって、主張者の債権は名目額で評価され、この事例においてBは少なくとも10万円については相殺を主張することで差し引き計算することができます。したがって、この金額だけは実質的な弁済を受けたと同様になるのです。

（2） 相殺の要件

　この相殺を主張するための要件について検討しておきましょう。
　両債権が同種の目的を有するものであることが必要とされます（505①）。典型的な場合としては双方の債権が金銭債権であるような場合を考えておけばいいでしょう。
　目的は同種であっても、債権の性格が相殺に適しない場合は相殺は許容されません（505①ただし書）。つまり、AとBとは相互に、農繁期には三日ずつ田植えを手伝いあうという債務を負担しているような場合に、これを相殺するということはナンセンスです。また、AとBとが相互に競業をしないという債務を負担しているような場合にこれを相殺するのも同様であるといえましょう。
　次の要件としては、双方の債務が弁済期になければならないという点があります（505①）。もっとも、相殺を主張する者の負担している債務については弁済期が来ていなくても、期限の利益を自分で放棄することができますから、これを放棄して相殺を主張することができることは問題ありません（136）。ですから、実際には相殺を主張する者の有している債権について弁済期が到来しているということが要求されるにすぎないこととなります。このように債権が相殺をなすことができる状態にあるということを「相殺適状」と呼びます。

（3） 相殺の効果

　適法に相殺がされますと、相互の債権は対等額において消滅します。この消滅の効果は、相殺適状の生じた時点まで遡及して生じることとなります（506②）。これが相殺の遡及効という効果です。この結果として、相殺適状の生じた時点以後の利息は生じないとされます。相互に利率の異なる債務に

ついては相殺が意味を有することになりましょう。いずれにしろ、相互に対立しあう債権債務を有しあっている当事者の意識を尊重するものだといってもいいでしょう。

　債務の性格によっては相殺ができないのではないかということが問題となる場合があります。そのうち、履行地が異なる場合については、相殺の妨げとなるものではありません（507）。また、自分が有していた債権が時効にかかっているような場合においても、時効にかかった時点において、既に相殺適状にあって債権であれば相殺に供することができます（508）。

6　身元保証制度

(1)　身元保証の意義

　身元保証人とは、就職などの場合に、ある者についてその人物を保証し、その者が将来、職務に関係して故意または過失によって勤務先に損害を生ぜしめたような場合、本人に代わってその損害を賠償することを内容とする、保証人と就職先との間で結ぶ契約のことです。また、保証された者が勤務先で発生させた損害につき、それが故意や過失によらないで生じたものについてまで保証人が賠償するというような内容の契約がなされる場合もあります。この両者を併せて広い意味の身元保証契約と称することがありますが、一般に故意や過失によって生ぜしめた損害に限定して賠償するという契約を狭義の身元保証契約といいます。故意・過失のない損害まで賠償させようとする契約は、一種の損害担保契約という性質を有するものと考えられています。

　いずれの場合も、人の就職に際して締結される契約ですが、このような契約というものは、その性質上、長期間にわたることとなり、しかも場合によると保証人に対して莫大な損害賠償義務を生ぜしめる可能性があります。反面、保証をした者にとっては、保証を受けた者について常日ごろ、これを監督したり指導したりすることは事実上不可能ともいえる例が多いといえます。

(2) 「身元保証ニ関スル法律」による規制

　身元保証契約には、このようなさまざまな問題点が存するといえます。そこで、身元保証に関し、特別法である「身元保証ニ関スル法律」(「身元保証法」と称します) が制定され、保証人の責任を限定する趣旨からの規定が置かれております。

　身元保証法で規定する要点を紹介しておきますと、①保証期間については、特に規定を置かない場合には原則として3年間とされます。この保証される者がついた仕事が商工業見習者であるような場合には、期間は特に5年とされています（身元保証法1）。②保証期間について、特約によって規定した場合でありましても、それは5年を超えることができないものとされ、期間満了後の更新という手段による場合にも同様とされます（身元保証法2）。③身元保証人の責任を発生させたり、この責任について、これを従来よりも加重されるような事情が生じた場合（就職者が従来は単純な事務を仕事内容としていたところ、社内異動によって会計などの高額な現金を扱うような部署に配置替えとなったというような例を考えてください）、このような事情は使用者から保証人に対して通知されることとなります。そして、このような通知がされた場合には、保証人において保証契約を解約して自己の責任を免れることができるとされています（3条、4条、なお、この通知がない場合は、保証人の責任を追及することができないものとなります）。④身元保証人の責任が生じてしまったような場合にあっても、この賠償責任や賠償額を決定することについては、使用者の過失、身元保証をするに至った事情、保証人が払っていた注意、勤務者の任務とか身上などの変化など一切の事情を考慮して決定することとされています（5）。⑤以上の規定に反する、保証人に不利な特約は、すべて効力は生じないこととされています（6条、その意味でこの身元保証法のこれらの規定は強行規定であるといえましょう）。

　裁判例においては、身元保証人の責任は相続の対象とされないとしており

ます。

第4章　債務の弁済
――無権利者に対する弁済と弁済者の救済――

1　弁済の機能

　金銭の支払いを求める権利である金銭債権であっても不動産の引渡しを求める特定物債権であっても、債権というものはやがて弁済によって、その役割を終えて消滅することが予定されます。ここでは、債権の消滅原因のうち一番重要な債務の弁済に関する問題、特に無権利者に対する弁済が有効とされる場合について触れておきましょう。

2　弁済したことの証明手段

　弁済とは、債権が債務者に対して予定している内容を実現するところの債務者その他の者の行為であるということができましょう。これがなされると原則として債権はその本来の目的を果たして消滅することになります。そこで、ここで問題としたいのは、弁済をした場合の弁済の証明の手段です。民法は、弁済をした場合には弁済者は受取証書を請求したり（486）、借用証書（これを「債権証書」といいます）などが差入れてあるような場合には、この返還を請求することができるとしております（487）。ですから、民法は債務の弁済をしたら受取証書や返還してもらった借用証書によって自己の弁済の事実を証明すればいいと考えているといえましょう。

3　受取証書の機能と債権証書の機能

　弁済をした場合には受取証書の交付を請求できます。一部弁済の場合であっても同様です。しかも、重要なことは、債務者においては「受取証書をくれなければ弁済しませんよ」ということが正当な抗弁として（このような抗弁を「同時履行の抗弁」といいます）主張することができるということです（大判昭16・3・1）。

　債権証書の場合には弁済の際に返還を請求できますが、同時履行とされておりません（そうでないと借用書を紛失したような場合、弁済を受けられなくなってしまう可能性があるからです）。このような意味からすると弁済の確実な証明手段は受取証書によることになりましょう。

4　無権利者への弁済が保護を受ける場合について

　弁済がされた場合に債権が消滅するのは、債権がその目的を達するからです。そこで、債権が消滅するためには正当な権利者に対して弁済がされなければならないこととなります。

　問題なのは正当な債権者ではないが、いかにも債権者らしい外観を有している者（民法ではこのような者のことを「取引上の社会通念に照らして受領権者としての外観を有する者」といいます）に間違って弁済がされてしまった場合のことです。例えば、他人の預金通帳と印鑑を盗みだしたり、あるいは拾得した者が本人になりすまして預金の解約をしてしまった場合などを考えてみればいいでしょう。この場合に、銀行が間違った債権者に弁済したということで債権が消滅していないこととなるとすれば、ちょっと銀行に気の毒ということとなりそうです。

　そこで民法は、いかにも債権者らしい外観を有している者に対してされた弁済が保護される場合として受領権者としての外観を有する者に対する弁済

（478）の制度を設けております。この制度について簡単に紹介しておきましょう。

（1） 受領権者としての外観を有する者に対する弁済

　債権の受領権者としての外観を有する者というのはいかにも自分が債権者であるような外観を有し、債権の行使を主張する者のことです（205）。この債権の受領権者としての外観を有するに該当する者としては、他人の預金通帳と届出印鑑類似の印鑑を持参した者（東京高判昭41・9・1）、無記名定期預金証書と印鑑を持参した者（最判昭32・12・19）、債権譲渡行為がされたけれども、譲渡行為が無効となり、譲渡が効力を生じなかった場合における事実上の譲受人（大判大7・12・7）、真実の相続人でないのに相続人として財産を管理している者（大判昭15・2・25）などの例を挙げておくことができましょう。このような債権の受領権者としての外観を有する者を権利者と信じ（善意）、しかも信ずることに過失なく弁済をした場合にはその弁済行為は完全に有効となり、債権は消滅します（478）。これは偽りの債権者が真実の債権者の代理人であると称して弁済を受けた場合であっても、債権者本人であるといって弁済を受けた場合であっても、同様に債権は消滅するというのが通説・判例（最判昭40・10・4）であります。

（2） 預金者保護法の制定による準占有者に対する弁済規定の修正

　盗難カードの利用やその他の方法による預金の無権限引出し事件が頻発しているところから、2006年に「預金者保護法」が施行されました。この預金者保護法の対象となるのは、銀行や信用金庫、信用組合、農協・漁協、郵便局、労働金庫など、ほぼすべての金融機関の預貯金です。被害に遭った預金者は、警察と金融機関への被害届出が必要で、原則として届出から30日前までのＡＴＭでの引出し被害が補償対象となります。偽造・盗難にかかわ

らず、預金者に過失がなければ、金融機関が被害の全額を補償することになります。預金者に「重過失」があった場合には、補償はされません。重過失以外の過失では、偽造カードによる被害は全額補償、盗難カードは75パーセント補償と定められています。

　預金者の過失については、金融機関側に立証責任を負わせるものとし、補償されない重過失が認められるような場合としては、①他人に暗証番号を知らせた、②暗証番号をカードに書いた、③カードを安易に第三者に渡したというようなことなどが考えられます。ただし、過失の認定では、生年月日や自宅・勤務先の電話番号など、類推されやすい番号をカードの暗証番号に使っただけでは過失とみなさず、①カードと暗証番号のメモ、あるいは生年月日、電話番号を記した書類を一緒に保管していて盗まれたような場合、②金融機関から何度も暗証番号の変更を促されながら応じなかったような場合、③カードを施錠のない場所などに保管していたような場合などのうち、複数項目に該当した場合に、総合的に判断されることとなりましょう。

第VI編　親族法・相続法

第1章　家族法の特色

　親族法・相続法のことを身分法といったり家族法といったりします。親族という身分関係にもとづく法律上の諸効果について規定するのと同時に、このような親族関係の発生や消滅事由などについても規定する領域ですから「身分法」といわれるし、親族が形成するところの「家族」に関する法というような意味からすれば「家族法」ということになります。「身分」という言葉に封建的なにおいが感じられるというところに、最近の「家族法」という呼称が定着している理由があるのでしょう。
　今まで検討してきたのは財産法の領域ですが、ここでは家族法の領域を検討していきます。
　家族法は、男女の性的な結合体である夫婦と親子という関係を基本とする親族相互間の身分的法律関係について規律する親族法と、親族を構成する者が死亡し、これによって権利能力を喪失したときに、この者が生前有していた財産について一定の親族者が継承する関係である「相続」という制度及び死亡した者が残した遺言による遺産の扱いとについて規律する相続法とに分類することができます。
　大ざっぱな見方ですが、もともと財産法というものは一種の利益社会（ゲゼルシャフト）というものを前提とする存在であり、そこで予定される人間の行動というものは、合理的・打算的なものといえます。ある意味では極めて近代的であるとさえいえるかもしれません。ところが、家族法の領域となりますと、これが前提とする社会はいわゆる「共同社会」（ゲマインシャフト）ということになります。それだけに、家族法の領域には冷徹な合理性とか打算性とかいうものを基本とすることはできず、むしろここで予定されている人間の行動は、人間性に満ちた感情的な非合理性・非打算性に支配されたものとなります。この領域については歴史的であり、同時に保守的慣行性が強

く現われてくることになります。例えば親族関係の基本となる親子という問題をとりあげてみても、自分がだれの子として生まれるかを選択することもできないし、だれの親となるかも極めて偶然的な事由によります。もう一つの身分関係の発生の重要な領域についての婚姻をとりあげてみても、同様のことがいえるでしょう。婚姻自体は愛情を根拠として締結される身分契約ですが、これであっても、一種、感情的、非打算的なものといえましょう（「あばたもえくぼ」とでもいうところでしょうか）。このようなことから考えてみますと、家族法の特色というものを理解できるでしょう。確かに、結婚にしても感情に支配されず、計算ずくで冷静・合理的かつ打算的にされる場合があることは否定できません。しかし、これは本来の婚姻のあるべき姿とは無縁のものであります。

　ここでは、なるべく私たちの実生活に関連が深い家族法の諸問題について説明しましょう。

第2章 「親族」とは何か

　私たちは、多くの人々との接触の中で生活しております。その触れあう人々の中にあっても、特に一定の人たちとは、ほかとは異なった親しい関係をもっています。血縁的なつながりがあるような場合、婚姻によって生じた自己の配偶者あるいはその血縁者との関係、または自分の血縁者の配偶者との関係などというように、さまざまな場合を考えることができましょう。
　民法は、このように人が他の一般の人たちとの関係以上に親近関係を有する者のうちの一定範囲に属している者を「親族」と定め、これらの者について一定の法律効果を与えています。
　民法においては、①六親等内の血族（自然血族のみならず法定血族〔養子縁組により生じる〕）、②配偶者、③三親等内の姻族を親族としております（725条）。
　この親等というのは、親族間における親疎の関係を示すものであり、世代を数えて決める概念のことです。親等は、直系と傍系とに区別されます。直系とは、父母、子、孫というように血統が一直線上に並んだ関係のことで、傍系とは兄弟姉妹、伯叔父母、従兄弟姉妹というように、共同の始祖を通じてのつながりをもつ関係をいいます。直系の血族間では、世代数がそのまま親等となります。傍系血族の場合には、その者から共同の始祖までさかのぼり、そこから他の者にまでたどりつくまでの世代数を数えます（例えば直系血族である親子の場合には一親等、祖父母と孫との間は二親等、兄弟の関係は二親等となります）。配偶者は、当然に親族となりますが親等はありません。
　配偶者の一方と他方配偶者の血族との相互関係を「姻族」といいます。注意しておきたいのは、配偶者の一方の血族と他方の血族（例えば、夫の親や兄弟と妻の親や兄弟との関係）、あるいは配偶者の一方の姻族と他方配偶者との関係（例えば、夫と妻の兄の配偶者などとの関係）は親族関係にないこ

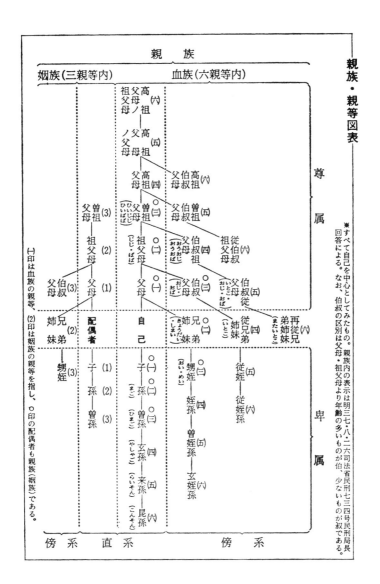

第2章 「親族」とは何か

とです。

　夫婦間には親等がありませんから、姻族間の計算をする場合に夫婦は一体として計算します。

　また、父母や祖父母のように自分よりも前の世代に属する直系の血族者のことを「尊属」といい、子や孫のように自分より後の世代に属する者のことを「卑属」といいます。このような親族関係を親族・親等図にまとめると前頁に示したようになりますから、参考として示しておきましょう。

1　家族関係と公示

(1)　戸籍は日本国民の証明

　親族関係を公に示すものとして戸籍という制度があります。戸籍は日本国民についての身分関係を公に示す機能を有する公の帳簿ということができましょう。これは日本人についてのみ作成されるものですから、日本人であることの公的証明文書となります。

　戸籍には、国民各人の出生から現在に至るまでの身分事項が記載されます。他の戸籍から当該戸籍に入籍した者についても、戸籍をたぐることによってその者がどこのだれの戸籍から来ているのかを容易に把握することができます。

(2)　戸籍の基本構造

　一つの戸籍に記載される者については、次のような基準があります。
　①　本籍の同一の者
　戸籍は本籍を基準として作成されます。「本籍」とは戸籍の所在地というように理解すればよいでしょう。本籍は、日本人だけが有するものですから、戸籍をもつのは日本人だけといえます。

② 一組の夫婦と同氏の子

　戸籍は、本籍と氏を基準として作成されるものです。ある数人の者が同一の戸籍に記載されるためには、本籍と氏を同一にしている必要があります。戸籍は、一組の夫婦とその未婚の子とから構成されますから、これ以外の者が記載されることはできません。同一戸籍には2組以上の夫婦が記載されることもありません。ですから、子が婚姻すると、子は父母の戸籍を出て、配偶者とともに別の戸籍を編製します。結局、戸籍は、一組の夫婦を構成単位とするから、数組の夫婦が同一戸籍に記載されることはないし、三世代にわたる親子（祖父母、父母、孫）が同一戸籍に記載されることもない（三代戸籍の禁止）ことになります。これらが戸籍編製の基本となる骨組みといえます。ここで、参考のために戸籍の各欄の機能と名称を示すものと、具体的な戸籍の見本を次頁に示しておきましょう。

　新たに戸籍が編製される場合や、入籍や除籍がされる場合について説明しておきましょう。

新たに戸籍が編製される場合
① 　婚姻がされた場合——夫婦の新戸籍が編製されます。
② 　戸籍の筆頭者およびその配偶者以外の者が同一の氏を称する子を出生した場合——三代戸籍の禁止の原則によって新戸籍が編製されます。
③ 　入籍や復籍する場合にその者に配偶者がある場合——例えば、夫婦養子が離縁するような場合は新戸籍が編製される。
④ 　分籍の届出があった場合
⑤ 　離縁や離婚をする場合に復籍すべき戸籍が除籍となっている場合

入籍がされる場合
　入籍というのは、既に編製されている戸籍に入ることです。
① 　婚姻によって筆頭者の戸籍に入る場合
② 　出生した嫡出子が親の戸籍に入る場合
③ 　養子縁組をして養親の戸籍に入る場合
④ 　離婚や離縁によって従来の戸籍に戻る場合（従来の戸籍が全員除籍と

戸籍の見本

① 本籍欄
② 筆頭者氏名欄
③ 戸籍事項欄
④ 身分事項欄
⑤ 父母欄
⑥ 父母との続柄欄
⑦ 養父母欄
⑧ 養父母との続柄欄
⑨ 配偶欄
⑩ 名欄
⑪ 生年月日欄

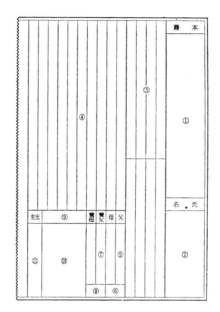

戸籍の記載見本

226　第Ⅵ編　親族法・相続法

二字加入㊞

昭和七拾壱年拾弐月拾五日親族甲野義太郎届出㊞田区で死亡同月拾五日親族甲野義太郎届出㊞同月六日千葉市で出生同月拾日母届出昭和六拾八年壱月六日千葉市で出生同月拾日母届出同市長から送付入籍㊞	なる縁組届出同月拾六日京都市上京区長から送付入籍㊞山初音町十八番地乙野忠治戸籍から送付入籍㊞昭和六拾八年四月拾日乙野忠治同人妻梅子の養子と	市上京区初音町十八番地乙野梅子戸籍から送付入籍㊞母届出同月拾日同区長から送付入籍㊞昭和六拾年参月拾日小山初音町十八番地京都	の新戸籍編製㊞五日父届出大阪市北区老松町二丁目六番地に甲野の氏昭和六拾壱年七月九日千葉市で出生同月拾参日父届出同月拾日特別養子離縁の裁判確定同月拾九日父届出入籍㊞東京都千代田区平河町一丁目十番地に丙山の氏の新戸籍編製につき除籍㊞同月拾日養父母届出同月拾六日大阪市北区長から送付九日父届出入籍㊞昭和参拾年拾月七日特別養子となる縁組の裁判確定昭和五拾八年拾月拾五日東京都千代田区で出生同月拾
出生昭和六拾八年壱月六日	母 甲野梅子 二男 父 甲野義太郎 若次郎	出生昭和五拾壱年参月拾日 母 甲野梅子 女 父 甲野義太郎 英子	出生昭和六拾壱年七月九日 母 甲野梅子 二女 父 甲野義太郎 ち	母 甲野梅子 長女 父 甲野義太郎 り

甲野義太郎

判確定同月弐拾五日父母届出名古屋市中区三の九四丁目三番甲野啓二戸籍から入籍㊞昭和八拾七年弐月拾弐日民法八百十条による裁届出入籍㊞	届出同月拾日東京都千代田区長から送付京都千代田区で出生同月七日母昭和八拾六年四月参日名古屋市中区で出生同月七日母	京都千代田区長から送付入籍㊞吉戸籍から送付入籍㊞昭和八拾七年壱月弐拾五日父届出同月弐拾七日東昭和八拾五年八月弐拾日千葉市竹子戸籍親権者母を父と定める旨父母届出昭和八拾七年壱月弐拾五日父母届出入籍㊞母昭和八拾七年壱月弐拾七日甲野義太郎認知届出東昭和八拾六年六月壱日東京都千代田区で出生同月参日	町一丁目一番に新戸籍編製につき除籍㊞昭和八拾五年八月弐拾日夫乙原信吉と協議離婚届出同吉戸籍から入籍㊞昭和八拾五年七月五日夫乙原信吉と協議離婚届出中央区日本橋室七日横浜市中区長から送付入籍㊞昭和八拾五年壱月七日甲野義太郎同人妻梅子の養子となる縁組届出同月七日甲野義太郎同人妻梅子の養子父届出入籍㊞（代諾者親権者父母）同月弐拾日大阪市北区長から送付京都市上京区小山初音町二十番地乙川孝昭和七拾六年五月壱日東京都千代田区で出生同月六日
出生昭和八拾七年四月参日	母 甲野梅子 三男 父 甲野義太郎 啓二郎	出生昭和八拾六年六月壱日 母 丙山竹子 男 父 甲野義太郎 信夫	出生昭和六拾壱年七月九日 母 甲野梅子 二女 父 甲野義太郎 ち	養母 甲野梅子 養子 養父 甲野義太郎 英助 父 乙川孝助 二男

甲野義太郎

なっている場合は新戸籍を編製することとなるし、本人の希望があれば、除籍となっていなくても新戸籍を編製する）。

除籍となる場合

除籍とは、ある者が従来の戸籍から除かれることです。例えば、ある人が婚姻することで従来の戸籍から出て新戸籍を編製する場合、その人は従来の戸籍と新戸籍との両方に在籍することはできませんから、従来の戸籍から除かれます。その者が死亡した場合や縁組によって戸籍を出ていくような場合も当然除籍となります。このような場合には従前戸籍の除籍される人の名前のところに朱線を引いてこれを抹消します。戸籍に記されていた全員が除籍となると全員除籍（誰も居ない戸籍）ということで、この戸籍（これを除籍という）は別に綴って市区町村で80年間保存されることになっています。

2　戸籍と住民基本台帳

戸籍は本籍で特定されますから、ある人の本籍がわかれば戸籍が判明しますが、現実の住居は判明しません。この現実の住居を基準として作成されるものに住民基本台帳があります。住民基本台帳は、ある地域で現実の生活を送っている者から当該地域の市町村へ提出される届出によって作成されます。これだけでは、戸籍と住民基本台帳との連絡がとれませんから、届出を受けた現実の居住地の市町村からそのような届出がなされる。つどその者の本籍に連絡をし、これを受けた本籍市町村では、戸籍のほかに戸籍の付票というものを作成し、これに現実の居住の実態を記載し、これを戸籍簿自体に添付しておきます。ですから、戸籍の付票を調査することでその人の現実の住居がわかることとなります。

戸籍は、ある意味で個人のプライバシーを記載したものとする理解も可能であります。このような意味で、他人の戸籍を故なくのぞき見ることはできないこととされています。つまり、戸籍の謄抄本の請求は、本人やその他の一定の者以外は請求の事由を明確にしていなければならないとされ、請求が

不当な目的によってされた場合には交付されません（戸籍法10、規則11）。その他不正な事由によって謄抄本の交付を受けた者は過料の処置を受けることとされています（戸籍法123）。

3　家事事件とその処遇

家事事件と家庭裁判所

　家庭における紛争や事件についての重要な役割を有するものに、家庭裁判所があります。

　家庭に関する事件であっても最終的には普通裁判所の判断によって解決されることになりますが、この種の事件をいきなり公開の法廷において審理し、勝敗という明確な形で判断することは人情味に欠けるし、そうすることによって親族間に将来にわたってのしこりを残すことにもなりかねません。そこで、このような、いわば内輪の事件については、権利義務の関係として割り切って処理してしまうのではなく、非公開の場で職権主義による妥当な処理をめざし、個人の尊厳と両性の本質的平等を基本として、家庭の平和と健全な親族共同生活の維持を図るという役割が家庭裁判所に求められるわけです。この理念を実現するため家事々件手続法は、裁判所は、家事々件の手続が公正かつ迅速は行われるように努め、当事者は、信義に従い誠実に家事々件の手続を追行すべきものと規定しています（家事々件手続法2条）。

家事事件の処理

　家庭裁判所の事件処理について規定するのが家事事件手続法です。これによって家庭裁判所の取り扱う事件は審判と調停とに分類されます。このうちの審判は、①後見開始の審判や失踪宣告というような、裁判所が諸般の事情を考慮しつつ公的な立場から決定し、当事者がその内容を承認しているとか合意があるからといってこれに拘束されることなく公的な立場から処理する甲類審判事件、②遺産分割などというように当事者の合意さえととのえばそれによる任意の処分が可能な乙類審判事件、③他の法律が特に家庭裁判所の

権限に所属させた事項に関する特別審判事件の3種類があります。

　審判は、一種の裁判ですから、これに不服な場合には最高裁判所の定めるところにより二週間以内に即時抗告をすることが認められており、金銭の支払いなどを命ずる審判が確定すると、執行力ある債務名義（例えば確定判決など）と同一の効力をもつこととなります。

　調停は、次のような事件を対象とします。①当事者の任意処分を許す乙類審事項であって家庭に関するもの、②これ以外に民法が本来、人事訴訟法による普通裁判所の裁判を必要とした事項についてのもの、具体的にいえば、婚姻・縁組の取り消し、離婚・離縁、離婚・離縁の取り消し、父の決定、嫡出子の否認、認知の請求、婚姻・縁組の無効確認、親子関係その他の身分関係の存否の確認など、③右の①②以外の家庭に関する争い、がこれに該当することとなります。

　これらの事件についての訴を提起しようとする者は、まず調停を申し立てることが要求されます（257①条、これがいわゆる「調停前置主義」です）。もちろんのこと調停には裁判所が関与することになりますが、実際には裁判所の面前でされる和解といってもよいもので、相当に自由にされることとなります。そして、これが調って調停調書に記載されると、その記載は確定判決・審判と同一の効力を有することになります（286）。ただし、婚姻・養子縁組の無効など離婚・離縁を除く人事訴訟事件において、原因に争いがないときは、さらに事実の調査をするなどの手続を経て合意に相当する審判がされ（277①、いわゆる「合意に相当する審判」）、それ以外の事件についても、調停が成立していない事件について調停委員の意見を聴き、当事者双方の公平を考慮し、一切の事情から判断して職権で調停に代わる審判がされることもあります（284①、いわゆる「調停に代わる審判」）。この二つの審判については二週間以内に異議の申立てがあればその効力はなくなりますが、これがなければ確定判決と同一の効力を生じます。

　家庭裁判所の調停が不成立となった場合には、乙類審判事項の場合は当然に審判へ移行することとなりますが（272）、これ以外の場合については、結

局は、普通裁判所において人事訴訟手続法によって判断せざるをえません。この人事訴訟手続法は、婚姻事件、養子縁組事件および親子関係事件などの基本的身分関係の存否に関する訴訟事件ということができましょう。

4 親族関係はどのような場合に発生するのか

親族関係が発生するのは次のような場合です。
① 自然血族関係
　自然血族関係は、出生という自然の事実によって生じてきます。もっとも、血族関係というのも法律上の概念でありますから、非嫡出子（条文の上では「嫡出でない子」と表現されています）については出生という事実だけでは父子関係は生ぜず、認知という行為があって初めて父子関係が生じます（母子関係というのは分娩の事実によって生じ認知は不要というのが最近の学説判例です）。
② 法定血族関係
　法定血族関係は養子縁組によってのみ生じます。
③ 配偶関係
　これは婚姻によってのみ生じます。もちろん、法律婚によるわけですから、内縁関係によっては生じないことは当然です。
④ 姻族関係
　姻族関係とは配偶者の三親等の親族者のことです。これは婚姻によって当然に生じることとなります。

5 親族関係はどのような場合に終了するのか

親族関係が終了するのは次のような場合です。
① 自然血族
　当事者の死亡が終了原因となります。

後述の特別養子制度との関連で特別養子となった者と従前の実方との自然血族関係は、養子と養親との間に法定血族関係が生ずるに伴って消滅することとなります（817の9）。もっとも、実方との関係で婚姻障害だけは残るのが当然でありますが（817の9ただし書）。
② 法定血族
　　離縁および縁組の取り消しが絶対的な法定血族関係の終了事由となります（729条）。離縁は、養親子関係を終了させるだけではなく、縁組を原因として生じていた一切の法定血族関係を将来にむかって終了させるものとなります。縁組の取り消しも同様に理解されています。
　　問題となるのは死亡ですが、一方当事者の死亡によって縁組自体が解消となるのは当然のことです。しかし、この死者を介して生じた親族関係がどうなるかについては問題があります。養親が死亡したような場合には、養子と死亡養親との血族との関係は当然には終了することにならず、特に家庭裁判所の許可を得ることによって死後離縁の手続がとられた場合に初めて終了することとなります。このこととの関係では、養親が死亡した場合のみならず、養子が死亡した場合についても同様に死後離縁の手続をとることができます（811⑥）。
③ 配偶関係
　　配偶関係は離婚によって終了するのが典型的であり、このほかにも婚姻の取り消しあるいは当事者の死亡ということによって生じます。当事者の死亡について言えば、これによって縁組の場合と同様に死者との間の親族関係は解消しますが、死者を通じて生じた親族（姻族）関係は維持されます。これを消滅させるためには別に姻族関係終了の意思表示がされることが必要となります（728②・戸籍法96）。
④ 姻族関係
　　姻族関係は、離婚、婚姻の取り消しによって終了します。夫婦の一方の死亡により当該配偶者関係は終了しますが、これによっては当然に姻族関係が終了することはなく、この終了は、生存配偶者が姻族関係終了

の意思表示をした場合に生じてることは前述したところです。

6　親族ということにはどのような効果があるのか

　一定の親族であるということから生じてくる効果はいろいろありますが、「配偶者関係」は婚姻の効果として、「親子関係」については、親子関係の法律的効果として、一般的には検討されることとなりますので、ここではそのほかに問題となる諸点を簡単に項目だけで示しておくことにします。

① 　後見開始の審判の申立権（7）
　　四親等内の血族、三親等内の姻族と配偶者
② 　保佐開始の審判（11）
　　①の場合と同様
③ 　扶助義務（730）
　　直系血族、同居の親族（この問題についてはのちにふれます）
④ 　近親婚の禁止（734～736）
　　直系血族、三親等内の傍系血族、直系姻族（従来そうであった者をも含みます）、特別養子となることで従来の実方との親族関係を終了させた者
⑤ 　婚姻・縁組の取消請求権（744、805～807）
　　当事者の親族、養子の実方の親族
⑥ 　尊属養子の禁止（793）
　　直系または傍系の尊属
⑦ 　親権・管理権の喪失宣告、その取消請求権（834～836）
　　子の親族、本人の親族
⑧ 　後見人・後見監督人・保佐人の選任・解任請求権（840、849、876の3、874①、849、852）
　　被後見人の親族
⑨ 　後見監督人欠格（850、852による846の準用）

「後見人の配偶者、直系血族および兄弟姉妹」、「被後見人に対して訴訟をし、また訴訟をした者」
⑩　扶養義務（877）
　　後掲「扶養」の説明を参照してください。
⑪　相続（887〜890）
　　後掲「相続」の説明を参照してください。
⑫　廃除、その取消審判確定前の遺産の管理（895）
　　親族
⑬　夫死亡後における嫡出否認の訴の提起者（人事訴訟手続法29）
　　夫の3親等内の血族

第3章　婚　　姻

　現在の家族法の基本となる概念は「親子」と婚姻によって生じる「夫婦」という概念が重要であるといっていいでしょう。ここでは、後者の夫婦関係の発生原因である婚姻の問題について考えてみたいと思います。
　婚姻とは、人間が種の保存という本能にもとづいてする男女間の永続的な性的結合関係のことをいい、その関係が社会的に承認されている関係ということになります。
　婚姻は、婚姻当事者の自由な合意のみにもとづいて成立し（憲法24）、しかも、その合意がまじめに将来にわたって終生夫婦としての結合関係を継続していく意思のもとでの届出をすることによって成立するものであるといっていいでしょう。
　一定期間だけ夫婦になりましょうなどといった合意で婚姻届を出すとか、子供ができなかったら離婚することを前提として届出をするような場合には、婚姻があるとはいえません。また、婚姻の成立には婚姻届の提出が必要ですから単なる同棲関係や内縁関係があったからといってもそれは夫婦関係とはいえません。もっとも、最近においては、内縁に対する保護というものが夫婦の法律関係の保護の場合と近似してきていることは否定できません。
　婚姻成立の要件としては、両当事者における婚姻意思の存在と婚姻届の提出が必須の要件となります。そして同時に次のような諸要件があります。
　①　婚姻適齢（731）
　　　男女ともに満十八歳以上と定められています。不適齢者の婚姻届が誤って受理された場合には、この婚姻は取り消すことができる婚姻とされます（744、745）。
　②　重婚でないこと（732）
　　　重婚は刑法上でも犯罪行為でありますし、このような届出は受理され

ません。もし誤って受理された場合には重婚となる後の婚姻は取り消すことができる婚姻とされますし（744）、前婚については離婚原因となります（770）。

③　女性が再婚禁止期間を経過していること（733）

　女性の場合には、夫の死亡あるいは離婚による婚姻の解消または婚姻の取り消しによる解消後、100日が経過していないと再婚ができません。つまり、前婚解消直後に婚姻を認めますと、前夫の子か後夫の子か不明な子供を生む可能性があって、前夫、後夫の両者の嫡出の推定を受ける子ができてしまうからです。

④　近親婚でないこと（734～736）

　これには、優生学上からくる問題を理由とするものと、道義的な問題を理由とするものとの二種類があるといわれております。親子、祖父母、孫などの直系血族との婚姻はできません。舅姑と婿嫁、継親子というような直系姻族の場合にも婚姻はできません。養親子という法定血族関係でもいけません。姻族や法定血族の場合には離婚や離縁がされてもだめということとなります。傍系でありましても三親等内の血族は婚姻できません。もっとも養子と養親の実の娘というような関係にある場合には婚姻が認められることに注意が必要となります（734条①ただし書）。

1　婚姻の効果

【事　例】　私の妻は、結婚後6ヵ月で実家に帰ったまま、どうしても帰ってきません。戻るように仲人さんを通じて先方に交渉しているのですが、何の理由もなく応じません。

　婚姻が成立しますと、夫婦二人が新しい戸籍を編製することになります。戸籍は本籍を同一にする同一の氏の夫婦が入るのですから、夫婦は同一の氏を称することとなりますが、この場合、婚姻の際に全く自由な氏を称するこ

とができるのではなく、夫婦となる者のどちらかの氏を選ぶこととなります。どちらを選択したかによって戸籍の筆頭に来る者が決まります。男のそれということになれば夫が、女性の氏ということとなれば妻が戸籍の筆頭者となります。

婚姻に伴って同居・協力・扶助の義務が発生し（752）、相互に守操の義務が生ずることとなります（直接明白に規定するものはないが、770条1項が不貞行為を離婚原因としていることから判断することができます）。

2　内縁の夫婦とはどのようなものか

【事　例】　私は公務員のＡと婚約したのですが、挙式前に彼が転勤となり、彼の身のまわりの世話も兼ねて彼といっしょに任地へ赴任し、挙式前ですが同棲いたしました。ところが、それからちょうど3ヵ月目に彼は交通事故で死亡してしまいました。私の立場はどうなりましょうか。

内縁とは、社会的・習俗的には婚姻関係にあると認められながら、婚姻届がされていないため、法律上の夫婦と認められないものをいいます。婚姻は夫婦となる者が婚姻意思にもとづいて婚姻届をしたことによって成立するものです（739）。しかし、この内縁が何らかの効果を有しないものかといいますとそうではありませんで、内縁といえどもこれを不当に破棄した場合には破棄者には損害賠償義務が課せられることとなります。また、内縁の夫婦にありましても夫婦間と同様に協力・扶助の義務があり、相互に扶養する必要もあります。あるいは、内縁の夫の生命を侵害した者は内縁の妻に対しての損害賠償のみならず民法711条の規定による慰謝料を払う義務を負担することとなります。このように最近では、内縁といいましてもこれを婚姻に準ずる存在として、これに対して相当に大きな効果を与えるようになってきております。

一方、社会立法の方面においても、内縁の妻は「婚姻の届出をしなくとも、事実上婚姻と同様の関係にある者」として配偶者の概念に包含し、第一順位に遺族保障を受けることができる場合が多くなってきています（労働基準法施行規則42①、厚生年金保険法3②、国家公務員災害補償法16等）。

このようなことで、内縁には判例・学説または立法の上で大きな保護がされるようになってきておりますが、なお次のような不利益だけはしかたがないこととされています。

① 当事者の一方がこれを破棄して、共同生活が事実上されなくなってしまった場合、その原因のいかんを問わず、内縁関係は解消することとなり、これを防止する法的手段はない。

② 氏の共通性、成年者とみなされる効果、夫婦財産契約、姻族関係の発生、子の準正などといった効果は生じてこない。

③ 配偶者の相続権は認められない。

このことをもう少し詳しく説明しますと、下記の表に整理したようになります。参考としてください。

内縁の夫婦	内縁の子
① 氏や戸籍が同一とならない ② 無理由で解消される ③ 相続関係は否定される	① 認知されるまで法律上の父なし 　a 母の氏を称し、母の戸籍に入る 　b 母が親権者 　c 母に扶養される 　d 父を相続できない ② 認知により法律上の父をもつ 　a 父に扶養される 　b 原則として親権者もそのまま 　c 原則として氏・戸籍はそのまま 　d 父を相続できる（相続分は嫡出の半分となる）

238　第Ⅵ編　親族法・相続法

3　離婚制度

　婚姻関係のいちばん大きな解消原因としては離婚があります。離婚とは、夫婦が生存中において当事者の意思によって婚姻関係を解消する制度のことです。夫婦というものは、男女が終生の共同生活関係を目的として締結される結合体でありますが、この目的を達成できない状態となってきた以上は、婚姻関係も解消せざるをえないこともあります。離婚は望ましくないとしても、法律上で離婚を厳禁することは当事者の幸福を害し、社会にとっても好ましくない影響を与えます。したがって、近代法においては、離婚ということが法律制度として認められているのです。

4　離婚の種類と方法

【事　例】
① 夫が勝手に離婚届を偽造して出しそうなのですが、どうしたらいいでしょうか。
② 離婚判決が確定して届出前でしたが夫が死亡しました。私は相続人になれましょうか。
③ 妻と離婚したいのですが、妻が同意しません。裁判所に訴を提起しようと思いますが、いきなり裁判所に訴を提起していいでしょうか。

　婚姻関係の終了事由としての離婚には、協議上の離婚制度と裁判上の離婚制度とがあります。そして、裁判上の離婚は、判決による離婚と、調停、審判による離婚とがあります。

（1） 協議離婚について

　日本でいちばん利用される協議離婚について説明しましょう。協議離婚とは、夫婦が話し合い（協議）によって離婚することをいいます。結婚するに際して当事者の合意があればいいように、離婚についても当事者の合意があれば容易にできると考えるのが普通でしょう。しかし、われわれの常識に反して、このような当事者だけの合意で離婚することができるような制度は、世界的には極めてまれでして、離婚には裁判所の関与が不可欠というのが世界的な傾向であるといってもいいでしょう。

　この協議離婚が成立するための要件として、まず当事者の合意が必要とされます。この合意があれば他に特別の離婚原因が必要というものではありません（763）。この合意は、離婚届出当時になければならないことは当然です。いったんは離婚届に署名、捺印した場合であっても、その届出がされる前に離婚の意思を撤回したような場合には、離婚の合意がないことになります。

　協議離婚が成立するには、協議離婚届が出されて受理されたことが必要とされます。この届出の受理によって離婚は成立するわけです。婚姻中に出生した未成年の子がある場合には、協議離婚に際して父母の一方を親権者と定めてこれを届書に記載することが必要とされます（819、戸籍法76）。この要件を満たさないような離婚届は受理されないこととなりますが、誤って受理されたような場合には、この離婚は有効なものとなります（765②）。

　なお、協議上の離婚をする場合には、子の監護者その他監護に必要な事項を決めなければならないとされておりますが、これは必ずしも離婚の事前である必要はないとされております（766）。

（2） 判決離婚について

　裁判上の離婚のうちの判決離婚について簡単に説明しておきましょう。当

事者の合意ができていないものについて裁判所が関与して離婚させるものですから、離婚原因の存在することが必要となります。

この離婚原因について簡単に説明しておけば、次のような場合ということになります。

① 配偶者の不貞な行為があった場合（770①1）

夫婦間の貞操義務に違反する行為のことで、これは姦通だけをいうのではなく、男色行為なども含み、相当に広い概念といってよいでしょう。

② 悪意の遺棄がされた場合（770①2）

正当な理由がないのに、同居・協力・扶助の義務を履行しないような場合をいいます。ここに「悪意」といいますのは、単にある事実を知っているだけではなく、もっと積極的な倫理的な意味あいをもった概念です。病気療養のための一時的別居とか、仕事の上での単身赴任というような場合がこれに該当しないことは当然でしょう。妻に対して生活費を送ってはいるが妾と同居して帰宅しないというような場合は、やはり悪意の遺棄ということになりましょう。

③ 3年以上の生死不明（770①3）

生死不明が3年以上継続したのちに、生存が判明したような場合については、2号による離婚の場合は別として本号による離婚はできないことに注意を必要といたします。

④ 回復の見込みのない強度の精神病になった場合（770①4）

一時的または軽度の精神病の場合は、離婚原因とはなりません。精神病ということは何も本人の責任ではありません。このような責任がないのに離婚されるのはたいへん気の毒といわざるをえません。ですから、かつては自分に責任がないような理由によって離婚されることはなかったのですが（これを離婚における「有責主義」といいます）、1740年のフレデリック大王の法典がこのような精神病離婚を認め、これをきっかけとして、自分の責任ではない場合であっても婚姻を継続することができない状態となった場合には離婚を認めるという傾向となってきたので

す（これを離婚における「破綻主義」といいます）。

　このような破綻主義が認められるようになってきたのは、特に20世紀に入ってからのことで、ドイツ民法やスイス民法がこれを認めてから、この精神病離婚を認めるのが世界的傾向となってきたわけです。精神病となったことは本人の責任とはいえないし、これによる離婚を認められるということは本人にとっては気の毒ですが、だからといって回復の見込みがないような強度の精神病となった者の配偶者を婚姻の紐によって常に結びつけておくことも残酷といえましょう。このようなことから、民法においては破綻主義の立場から精神病離婚を認めるわけです。しかし、最高裁判所におきましては、精神病離婚を認めるには、770条2項との関係上、病者の今後の療養、生活等について、できる限りの方途を講じ、ある程度の前途に見込みがついた上でなければ離婚は認めないという判断をする傾向が強いようですが、これには学説からの批判があります。

⑤　その他婚姻を継続しがたい重大な事由があること（770②5）

　1号から4号までの規定においては具体的な離婚原因が指摘してありますが、第5号においては、抽象的な離婚原因があげてあります。何がこれに該当するかについては、具体的なケースごとに裁判所が判断することとなります。結局は肉体的・精神的な不調和や経済的状態その他一切の事情を総合的に判断し、とうてい夫婦としての生活を営むことができないような状態がこれに該当することとなりましょう。

　判例におきましては、夫が他に愛人をもち、そのために妻がヒステリーとなり、暴言や暴行に及び、結局は婚姻を継続しがたいものとしてしまったというような場合においては、このような婚姻関係に破綻を生ずるについての原因を与えた有責配偶者からの離婚請求は許されないとして、本号による離婚請求を拒否していましたが（最判昭27・2・19）、最近における最高裁判所の判例においては、いかに離婚請求者の方に婚姻が破綻するについての責任があるとしても、これだけで無条件で離婚請求

を認めないというのではなく、破綻状態が継続している期間であるとか、破綻状態の程度であるとか、未成熟子の有無とかその他の状況を考慮して離婚請求を認めることができる場合があると判断し、有責配偶者からの請求であるからといって一概に否定されるものでもないとしているのが参考となりましょう（最判昭62・9・2）。

　判決離婚に必要とされる離婚原因については以上に見てきたところでありますが、裁判所は右に説明した離婚原因に該当するような場合であっても、その他の一切の事情を考慮し、婚姻の継続を相当と認める場合においては、その離婚請求を棄却することができるものとしています（770②）。そこで、例えば、妻が夫の不貞行為を理由として離婚の訴を提起した場合において、裁判所が妻の地位について十分に理解をしないで、その程度のことは妻として忍ぶべきであるとして、婚姻の継続を相当と判断する場合には、離婚を認めないことがありうるでしょう。このように裁判所は、広い裁量権をもつこととなるのです。しかし、このように広い裁量権を有することは、当事者の離婚の自由を阻害する可能性が多分にあるということから、この規定を批判する立場もあります。

　離婚に際して未成年者の子がある場合には、裁判所は子の親権者を指定することが要求されます（819②）。

　協議離婚について戸籍の届出が必要となりますが（戸籍法63、77）、離婚判決の場合は判決の確定によって離婚は効力を生じていることとなり、戸籍の届出は離婚の効果に関係なく、単に届出は離婚の事実を戸籍に反映させるだけのことです。この点については協議離婚とは違っています。

(3) 調停離婚と審判離婚

　判決離婚をしようとする者にあっても、まず家庭裁判所に離婚の調停を求めることが要求されます家事々件手続法（274①）。いわゆる調停前置主義がこれです。調停において離婚の合意が成立し、それが調停調書に記載され

ますと離婚は成立することとなります。これが調停による離婚です。その場合には調停の申立をした者には離婚届を提出する義務がありますが、結果的に離婚届が提出されなくても離婚は成立していることになります。

調停が成立しない場合においては、家庭裁判所が相当と認める場合、当事者の申立てに反しない限度で、この調停に代わる審判をすることができます。これが審判離婚です。

5　離婚の効果

【事　例】　夫と離婚することとなりました。婚姻中の氏をそのまま使いたいのですが、可能でしょうか。結婚する際には私は夫の氏を称したのですが。

(1)　身分上の効果

離婚に伴って、婚姻は解消し、婚姻から生じた一切の権利義務は消滅して再婚も可能となります（婚姻関係が解消しても一定の場合には婚姻禁止とされています。これについては民法735条参照。なお、女性の場合には待婚期間があります）。

婚姻によって氏を改めた夫または妻は、離婚によって婚姻前の氏に復します（767条）。しかし、離婚によって復氏した者においては、離婚の日から3ヵ月以内に、戸籍法上の届出をすることによって、離婚の際に称していた氏を称することができます（767②、戸籍法77条の2）。

次に離婚に伴って子がどうなるかについてふれておくことにします。

まず、離婚によって当然には子の氏は変更にはなりません（790、791）。したがって、離婚によって旧氏に復した者が親権者となった場合であっても子は相変わらず婚姻戸籍に残されることになります。離婚に際して未成年の子がある場合には、子の親権者がだれになるかが問題とされます。そこで、協

議離婚の場合には、だれが親権者になるかについて協議によって定めなければ協議離婚届は受理されません（765、819①）。裁判離婚では、だれが親権者となるかについては裁判所が決定し、離婚の判決とともに主文で言い渡すこととなります（819②、人事訴訟手続法15⑤）。

親権は、子の監護・教育を内容とします。ところで、離婚に際して親権者から子の監護権（現実に子供の世話をみることを内容とする）だけを親権から切り離して親権者と監護権者とを別とすることもできます。監護権者についての決定は次のようにされることなります。

① 協議離婚の場合には、親権者の場合と異なり、離婚後に監護権者を定めてもよいとされております（766）。
② 判決離婚の場合には当事者の申立てがあれば、判決によって決定します（人事訴訟手続法15）。当事者の申立てがなかった場合には協議離婚の場合と同様とされます（771、766）。
③ 調停・審判による離婚の場合には、調停または審判と同時に決定するのが原則であるけれども、後日に別に決定することもできます。

(2) 財産上の効果

離婚をした当事者の一方は、相手方に対して財産分与の請求をすることができます（768、771）。夫婦の経済的共同生活は、その協力によって営まれているわけですが、夫婦の一方が婚姻中に自己の名で取得した財産は、その者の特有財産（夫婦の一方が単独で有する財産）ということになり、これに対する他の一方の寄与というものは当該財産の帰属という面については考慮されていないといってもいいわけです（夫婦別産制）。そこで、夫婦としての共同体が解消することとなる離婚に際して、実質的には夫婦の共同財産清算し、同時に生活力が弱い一方配偶者の離婚後の扶養を図るというのが財産分与の本来の性格であるといえるでしょう。これと同時に、離婚という事態に立ち至ったということについての責任ある者への慰謝料をも含む趣旨が

含まれるのではないかというような議論も主張されています。

第4章　親　　子

　親子関係は、夫婦関係とともに家庭生活の中にあって最も基本的な存在となるものです。これは、特に血のつながりを基礎とする実親子において、宿命的要素を多分に含んでいるといっていいでしょう。
　民法の分類によれば、親子関係は次のように整理することができます。
① **実親子関係**
　これは生理的な親子の血縁関係を基礎とするものであり、正当な婚姻関係を前提として出生した「嫡出子」と婚姻外で生じた「非嫡出子」（民法の条文では「嫡出でない子」と表現されています）とがあります。このうちの非嫡出子については、父がこれを認知した場合にのみ法律上の父子関係が承認されます。ですから、認知がない以上は、自然的な血縁関係が明白であっても法律上の父子関係は認められないわけです。
　従来は、嫡出の子と非嫡出の子とは、特にその相続分という点において重要な差別が設けられていました。つまり、非嫡出子の相続分は嫡出の子の半分とされていたのです（改正前の900条4号）。しかし、このような差別は憲法の保障する法の下の平等に反するという最高裁判所の判断がされたことから（最判平25・9・4）、このような差別は廃止されました。
② **養親子関係**
　これは生理的な親子の血縁関係を前提とせず、養子縁組という法定の手続をとることによって法が親子関係を認めるものであり、また、離縁という手続によって法的にこれを解消することができるものをいいます（もっとも、特別養子の場合にあっては原則として離縁は認められず、これが認められるのは例外の場合のみであることに注意が必要です〔817条の10〕）。養子は常に嫡出子ということになります。
　以上の二種類のほかに、「人工授精子」がありますが、ここではこれにふ

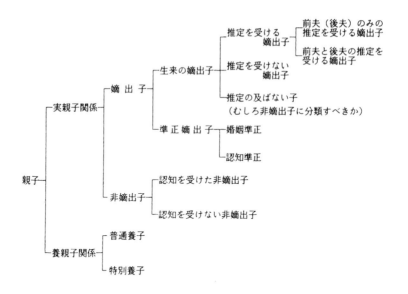

れる余裕がありません。

1　実親子関係

【事　例】　私の父はだれであるかもわかっているのですが、私は非嫡出子であって認知もされておりませんが、私は父の相続をすることができるのでしょうか。

(1)　嫡出子

　実務上、嫡出子とは婚姻の成立後、この夫婦間で生まれた子のことをいいます。ここではとりあえず、婚姻によって生まれた子といっておきましょう。
　民法の規定によりますと、「妻が婚姻中に懐胎した子は、夫の子と推定する」（772①）、と規定されており、同時に「婚姻成立の日から二百日後または婚姻解消もしくは取消の日から三百日以内に生まれた子は、婚姻中に懐胎した

ものと推定する」とされております（772②）。この民法の考え方によりますと、嫡出子とは、妻が婚姻中に夫によって懐胎した子のことといえましょう。そうなりますと、例えば、内縁継続中に懐胎し、婚姻後に出生した子というのも非嫡出子ということになってしまいそうです。確実に子供ができるということを確認したのちに妻を戸籍に入れるというような風習がまだ残っている日本の実情を考えますと、このような取扱いには問題の余地があるということになります。そこで、判例においては、内縁関係が先行する場合にあっては、婚姻届出後二百日を経過する前に生まれた子であっても内縁関係の成立後から二百日後に生まれた子であれば嫡出子となるものとしました（大判昭15・1・23）。そして、これを受けた戸籍実務においては、具体的な届出ごとに内縁が先行するかどうかについてまでは調査をすることができないところから（戸籍担当者のもつものがいわゆる「形式的審査権」のみであることからの帰結である）、内縁関係先行のいかんを問わず、婚姻中の出生子はすべて嫡出子としています（このような嫡出子は、嫡出子ではあっても772条に規定される推定を受ける嫡出子となるものではなく「嫡出の推定を受けない嫡出子」といわれます）。

　ところで、この民法772条の規定する二つの推定につきましては、単なる事実上の蓋然性を有するにすぎない経験法則を規定したものでありますから、形式的にはこれらの規定に該当して嫡出の推定を受けるように見える場合であっても、子の懐胎期間中において、夫婦間の性的関係がなかったことが客観的に明白であるような場合は、嫡出の推定を与えないほうが妥当だということもできましょう。そのようなことから、例えば、夫の服役中であるとか、長期にわたる外国出張中であるとかいうような長期不在期間中に懐胎した子や、夫婦が事実上の離婚状態にあったときに懐胎した子というような場合は、正常の夫婦生活を前提とする民法772条の嫡出推定の規定は機能しないことになります。このように形式的には民法772条の規定に該当するように見えるが嫡出推定が正常に機能しないような子のことを「推定の及ばない子」といっております。

このようなことで、嫡出子については「推定を受ける嫡出子」「推定を受けない嫡出子」と「推定の及ばない子（むしろ非嫡出子というべきかもしれませんが）」とに分類することができましょう。

　嫡出の推定規定であっても、単に法律上の婚姻を基準として妻の貞操義務がきちんと守られていることに信頼を置いたものでありますから、嫡出の推定を受ける子についての親子関係を否定する手続が存しなければならないことは当然のことでしょう。このような場合は、夫は「嫡出否認の訴」によって、この子が自分の子ではないと主張し、父子関係を拒否できます（774）。この訴を提起する場合には、訴の相手は、子または親権を行なう母あるいは家庭裁判所が選任した特別代理人とされています（775）。

　この嫡出否認の訴の提起権者は夫のみとされ、夫が子の出生を知った時点から一年内に提起することが必要です（777、778）。

　もっとも、これは推定を受ける嫡出子に関する問題ですから、「推定を受けない嫡出子」や「推定の及ばない子」につきましては、このように要件が厳格とされている嫡出否認の訴によることなく、親子関係不存在確認の訴によることができます。この訴は、特定人の間に親子関係が存在しないとか、存在するとかいう点に争いがある場合において、これを確定することを目的とする訴でありまして、第三者でありましても、訴の利益がある者であれば訴の提起権者となれますし、出訴期間も制限されていないことなどから、嫡出否認の訴よりその要件が緩やかなものとされております。

　父子関係の確定という問題と関連しては、前婚と後婚との時期が接近しているため、例えば、女性が前婚の解消後に直ちに後婚をしたというような場合においては（本来は、女性の待婚期間の制限があるから戸籍担当者がこれも見過して婚姻届を受理したような場合）、前婚解消後300日以内、後婚成立後200日以後の子供ができる可能性があるわけです。この場合には前婚の夫の嫡出推定を受けると同時に後婚の夫の嫡出推定をも受ける子ということとなります。このような事態が生じてしまった場合には、民法772条の規定だけによっては父子関係を確定することはできませんから、訴によって裁判

所が父子関係を確定することとなります。このような場合に提起される訴のことを「父を定める訴」といいます（773、人事訴訟手続法30）。

（2） 非嫡出子

　非嫡出子（条文上の表現では「嫡出でない子」となります）とは、正規の婚姻によらないで生まれた子のことをいいます。民法の規定によりますと、非嫡出子と父母の関係は父母の認知によって生ずるとされております（七七九条）。しかし、父と子との関係は認知を必要とするのは理解できますが、母と子の関係についてまでこれを要求する必要があるかについては議論があるところです。現在の多くの立場では、母と子との関係については分娩の事実によってはっきりしているところから、特に認知を必要とせずに、分娩の事実によって生ずると理解されています（最判昭37・4・27）。

　これに反し、法律上の父子関係というものは、いかに事実上は明白であっても、これだけでは生ずるものではありません（もっとも事実関係がなければ、認知がされても父子関係は生じません）。

　認知といいますのは、父が自分の子のことを自分の子と認め、これを戸籍の届出によって明確とする意思表示のことであり、父から進んでする「任意認知」（779以下）と、子や母からの訴によって裁判手続を経てする「強制認知」（787）とがありますが、この裁判による認知の場合には、父の死亡後三年内の期間であれば提起することができ、訴の相手方としては検察官となります。

　任意認知の場合は、認知される子が成人となっていれば子の承諾を必要とします（782）。これは、子が幼い段階で認知をせず、扶養もしないでいて、子が成人となったのちにおいて認知するというような行為は、子が希望しないならば、これを許す必要はなく、極端な場合には、自己が子から扶養を受けるために認知をするような場合さえ考えられるからでありましょう。

　また、まだ生まれていない母の胎内に居る胎児であっても、これを認知す

ることができます。しかし、これには母の同意が必要とされています（783
①）。

　認知は遺言ですることも可能とされています（781②）。

　認知の効果は子が出生した時点に遡及して生じますから、子には出生の時点から父がいたこととなります。しかし、この認知の遡及効によって第三者のすでに取得した権利を害することはできないとされています（784）。ですから、死後認知の場合にあっては、せっかく認知を受けても、相続上の権利をも取得できないのでは、意味がないことになってしまいます。そこで、民法は、死後認知の場合であっても全く相続上の権利を主張することができないのではなく、他の相続人が遺産分割をすでにしてしまっている場合には、再度はじめからの遺産分割をやり直せということはいえないけれども、価額（金額）のみによる支払いを請求することはできるとしています（910）。

　嫡出の子については父母の親権に服することとなります。非嫡出の子については認知がない限り母子関係しかありませんから、母が親権者となり、母の氏を称して母の戸籍に入ります。

　非嫡出子について父の認知がされた場合であっても、自動的に父母の共同親権に服することになるわけではありません。父を親権者とするためには、父母の協議が必要とされていますし（819④）、これができないような場合には家庭裁判所で親権者指定の審判を受けることとなります（819⑤）。

　認知を受けた非嫡出子について、その父母が婚姻しますと、子は単なる認知を受けた非嫡出子という立場から嫡出子の立場にと変化します（789①）。婚姻と認知の順序が逆であっても同様です（789②）。この制度を準正といいます。このうちの前者を婚姻準正といい、後者を認知準正といいます。いずれの場合にも婚姻がされた時点から、準正の効力が生ずるというのが現在の通説の立場です。

2　養親子関係

【事　例】　私は、現在、養子となっていますが、実親の財産の相続権はあるのでしょうか。扶養義務はどうなりますか。

(1)　普通養子制度

〔縁組の成立について〕

血縁があるとないとにかかわらず、人為的に創設された親子関係が養親子関係です。これが成立するためには、形式的要件であるところの届出と、実質的要件であるところの縁組意思が必要とされるなど、次の①～⑧の事項が要求されます。以下簡単に見ておくこととしましょう。

① 縁組意思の存在

これは社会的かつ客観的に親子関係と認められるような関係を創設しようとする意思のことをいいます。例えば、抱え主が芸娼妓を拘束する目的でする縁組などは縁組意思を欠く縁組となり、縁組は成立いたしません（802条1号）。

② 養親が成年者であること

これは養親子関係といえども、養親となる者については相当の年齢を要求する趣旨です。この場合にはいわゆる婚姻による成年擬制でも足りるとされています（この要件につき792参照）。

③ 養子となる者よりも養親となる者が年長であること

いわゆる年長養子の禁止がこれに該当いたします（793）。

④ 養子が尊属でないこと

いわゆる尊属養子の禁止がこれに該当します（793）。年長養子の禁止のほかに、この尊属養子の禁止が規定されるのは、父母の兄弟姉妹の多い者にあっては、自己よりも年下の叔父や叔母がありうるからです。

⑤　未成年者養子について家庭裁判所の許可があること
　　これは養子となる者の福祉を図る趣旨です（798）。
⑥　後見人が被後見人を養子とする場合に家庭裁判所の許可があること
　　このような養子縁組を通じて後見人の不正行為を隠蔽するようなことがないように配慮したものです。
⑦　配偶者ある者が未成年者を養子とする場合、夫婦が共同して縁組すること
　　いわゆる未成年者について健全な家庭を与えるという趣旨からきている規定であるといえましょう。これは昭和六十二年の改正にかかる規定です（795）。
⑧　夫婦の一方が養子となり、養親となるには他方の同意があること
　　縁組によって配偶者の利益を害するところがないように配慮したものであります。これは昭和62年の改正にかかる規定です（796）。

　縁組をするについては、もちろんのこと縁組当事者において縁組意思を有していなければなりません。しかし、養子となる者が15歳未満の場合には、その法定代理人がこれに代わって縁組をすることができるとされています（797）。これが、いわゆる代諾縁組といわれる制度です。この「代諾縁組」については、次のような問題があるとされております。つまり、例えば、非嫡出の子を生んだ母の承諾を得て、子をＡ、Ｂ夫婦の養子とすることとし、①縁組届によることなく、いきなりＡ、Ｂ夫婦の嫡出子として出生届をした場合、②一度、子を他人夫婦の嫡出子として出生届をして、この夫婦の代諾によって養子縁組をした場合、これをどう扱うこととするかという問題がそれです。

　いずれも子の出生に関する事実を隠匿するために採られる方法でしょうが、いずれの場合についても、実務は養子縁組としての効力を認めません。多くの事例が相続上の争いという形態で問題となるため、養親となる者が死亡後のことで縁組をし直すということができませんから、問題が多いところだといえましょう。しかし、②の場合については、養子となる者が十五歳以上に

達していれば、この代諾縁組を追認することで縁組を有効とすることができるというのが最高裁判所の立場であります。

　養子縁組という制度は、ある意味で養子のみを養親の親族関係に取りこんでくるものでありますから、養子縁組成立によって養子は養親の嫡出子としての身分を取得いたします（809）。そこで、養子は養親の氏を称し（810）、そのために養子と養親の血族との間にも血族間と同様の血族関係が生ずることとなります（727）。ここで十分に注意をしておかなくてはならないことは、養子の親族と養親との関係においては親族関係を生じませんから、縁組前から存在していた養子の子と養親とは何らの親族関係を生じないこととなります（このことの重要性は、この養子の子は養親の親族ではありませんから、養親についての代襲相続人とはなれないという点にあります〔887②ただし書〕）。もちろん、養子縁組後に出生した養子の子と養親との間には法定血族関係が生ずるのは当然のこととなります。

　養子は、縁組によって養親の親族関係に取りこまれますが、これによって養子と実親およびその血族との間の親族関係が終了するものではありません。ですから、養子は養親との関係でも血族関係を有し、実親との関係でも血族関係を有するわけです。そこで、相続や扶養という側面においては、両方の関係において権利を有し義務を負担することとなります。しかし、養子についての親権者は養親のみとなることは当然でしょう（818②）。もっとも、これらの点については、後述の特別養子制度においては実親との間の親族関係は終了するとされていますから（817条の9）、実方との関係では相続権も喪失し扶養義務からも解放されることとなりますので注意を必要とします。

〔離縁制度について〕

　養親子関係というのは、通常の自然的な親子関係とほぼ同様の関係が認められますが、自然の親子と異なるものとしての離縁という制度があります。この内容につきましては、いわゆる協議上の離縁と裁判上の離縁とがあります。これらについては、ほぼ離婚の場合の説明と同様に理解しておけばいい

でしょう。離縁する養子が15歳未満である場合には、縁組をする場合と同様に代諾の方式によって離縁をすることができるとされています。この場合の代諾権者は、離縁が成立したのちに子の法定代理人となる者（親権者・後見人）がこれにあたりますが、通常は父母ということになりましょう。父母が離婚しているような場合にはその協議によってこれを決定します。死亡している場合には家庭裁判所がこれを決めることとなります。

離縁によって養親子関係は完全に終了します。

養子、その配偶者、直系卑属およびその配偶者と、養親の血族との親族関係は、縁組当事者が死亡した場合であっても消滅しないこととされています（729）。

養子または養親が死亡した場合においては、養親または養子は家庭裁判所の許可を得て離縁をするいわゆる「死後離縁」が認められています（811⑥）。

(2) 特別養子制度

昭和六十二年の民法改正によって、養子制度についての全面的な改正がされました。ここでは従来の養子制度のもっていた問題点を抜本的に解決することがめざされたわけですが、中でも特別養子制度は、従来は全く存しなかった制度だけに着目すべきものでした。この特別養子制度というのは、養子となる者や養親となる者について特別厳格な制限を置き、養子についての実親との血族関係を終了させ、養親のもとにおいて実子と同様の関係を創設し、このような状態において子を監護・教育しようとするものといえましょう。

この制度の特色は、次のようなことです。

養親となる者は夫婦者でなければなりませんし、25歳以上であることが要求されます（817条の3、同条の4、なお、夫婦の一方が25歳以上であれば、他方は20歳になっているだけでいいとされます）。また、養子となる者は原則として6歳未満であることが必要とされています（815条の5、もっとも、養子となる者が6歳未満の時点から養親となる者によって事実上養育されて

いる場合であれば、養子となる者が8歳未満の状態となっていても特別養子縁組が認められます)。また、前述のように特別養子縁組によって実方との血族関係が終了するといった重要な効果が生ずるところから、実父母の同意が必要とされるのが原則となっています(817条の6)。

　特別養子縁組は家庭裁判所の審判によって成立します(817条の2)。いわゆる宣言型養子縁組といわれる制度となります。これが成立しますと、前記のとおり実方との血族関係は終了し、しかも原則としては離縁が認められません(なお特に離縁が認められる場合としては同条の10参照)。

第5章　扶養の権利・義務

　社会には、自分自身の労力や資産だけでは生活していけない立場の人があります。このような者を援助し、その者に最低限度の生活を維持させようとするのが扶養の制度ということになります。

　もともと「家」制度を基本とする旧制度下におきましては、「家」にこのような者があった場合においては、それを保護していくのは家の長である戸主の責任であったということができます。

　現行法においては、この「家制度」は廃止され、戸主の権限もなくなってしまいましたから、ここに扶養の義務を求めることはできなくなりました。そこで、このような者の面倒をだれがみるのかは難しい問題だといってもいいでしょう。もともと、この社会にあって、このように自分の労力や資産のみによって生活することができない者を援助し、文化的な最低限度までの生活を維持させるのは、本来は社会保障の問題であり、このような問題は国の手によって処理され、個人の手にゆだねるべきではないともいえましょう。理想的な近代国家においては、国が国民各人の生存を保障すべきものでありましょう（憲法25）。しかし、やはり私有財産制度を前提とする国家制度の立場からしますと、国の資力にも限度があります。このようなことから、すべてを社会保障に依存することは困難であるといわざるをえません。そこで、いわゆる私的扶養への依存の問題が出てきます。社会保障法の典型的な存在であるところの生活保護法においては、私的扶養が公的扶養に優先する旨が規定されておりますが（生活保護法4②）、理念からするとこれには問題が多いといえましょう。

1　夫婦間の扶養と未成熟子の扶養

【事　例】　私はサラリーマンで妻と2人の子（上が3歳、下が1歳）があります。現在の給料では親子4人が生活することがやっとだといってもいいくらいです。ところが最近になって、別居中の母から扶養を求められております。母の生活をみるとなると、子供たちや妻にはたいへんな生活をさせることとなってしまいます。どうしたらいいでしょうか。

　現行民法では、共同の家族生活を営む基本的な単位としては夫婦と未成熟な子とが考えられます。このような構成のもとにおいては、夫婦間での扶養や未成熟子のそれは、家族的な共同生活を前提として解消される問題と理解することができます。つまり、扶養義務者にとって配偶者とか未成熟子を扶養すること自体が、自分の生活そのものという理解がされるわけです（夫婦間の義務は「同居扶助の義務」〔752〕として、未成熟子との関係においては「監護・教育の義務」〔820〕として考えられます）。

　それ以外の者についての扶養が要求される場合は、共同社会生活の義務がない者との関係がありますから、その親族的扶養の義務の履行が自己の生存そのものをかけてする性格のものではないといってよいでしょう。

　このようなことから、観念的な分類ではありますが、前者のような扶養義務を生活保持の義務といい、後者のような義務を生活扶助の義務といいます。前者はいわば、最後の一個のパンも分けて食うべき関係ということができますが、後者は食べてしかるのちに余力でする扶養とでもいえばいいでしょう。しかし、そうはいっても、現実の扶養ということになれば、そのような理屈はいっていられない場合が多いわけで、結局はこのような分類は観念的な類型にとどまることになるでしょう。

2　扶養義務を負担するのはだれか

【事　例】　私の姉には子がありませんが、彼女は、夫に先立たれた上、現在は入院中です。私に扶養をするように求めてきましたが、私はどうすべきなのでしょうか。この際、扶養というのは、どういうような場合にだれがだれに対して負担するものであるかを教えてください。

　扶養の義務を負担しなければならない者としては、次の二種類があります。その第一類型は、法律が当然に扶養義務を負担させる場合でありまして、直系血族と兄弟姉妹の間の扶養がこれに該当します（877①）。その第二の類型は、これら以外の三親等内の親族関係にあって、特別の理由があるからとして家庭裁判所が審判によって扶養を命じた場合がこれに該当いたします（877②、家事々件手続法39別表1の84）。

3　扶養の方法とその程度

【事　例】　私は、妻と子2人で生活していますが、現在母と同居している兄から、こんどは私が母と同居して面倒をみるように言ってきました。
　現在の私の立場では、仕送りをする程度で母を引き取るだけの余裕はありません。仕送りの方法ではいけないでしょうか。

　扶養義務がある場合、いったいどの程度の扶養をしなければならないかが問題となってきます。この問題については、さきに説明した生活保持の義務としての扶養と生活扶助の義務としての扶養との問題が関連してきます。

夫婦間および未成熟子の扶養につきましては、夫婦の場合には同居・協力・扶助の義務ということで処理され、未成熟子との関係においては監護・教育の関係として把握されます。つまり、これらの者は一体的な関係として把握され、これらの共同体におきましては、いわゆる「一椀の飯も分けて食う」といった関係となっております。ところが、さきの第一類型と第二類型というような場合は、自分の生活に余裕があれば被扶養者の最小限度の生活を保持する義務といってもいいものです。極端にいえば、その義務を果たすために自分の生存あるいは配偶者や未成熟の子供の生存を危うくしてまでこれをする必要がないものということができ、自分の生活に余裕がある場合に被扶養者に最低限度の生存を保障するといった意味あいを有するものといっていいでしょう。

　具体的な事件にあたり、どの程度の扶養またはどのような方法による扶養をすべきかは、いちばん問題となるところです。民法は、まず当事者の協議によってこれを決定し、これが整わない場合や不能の場合、家庭裁判所が扶養権利者の扶養の必要性と扶養義務者の資力その他の一切の事情を考慮して決定するものとしています（879、家事審判法9①乙類8号）。

4　扶養の当事者が多数いる場合にはどう処理するのか

【事　例】
①　私には年老いた母がおります。兄が1人、姉が2人おります。母をどう扶養していくのがいいでしょうか。
②　私には祖父と病気療養中の父があります。2人を同時に扶養することはできません。どうすべきなのでしょうか。

　扶養を受ける権利を有している者が多数ある場合であるとか、あるいは反対に扶養すべき義務を有する者が多数あるような場合、これをどのように調整していくべきかには問題があります。民法の立場は、原則として当事者の

協議によって決定するものとし、これが決定できなかった場合や、協議が不能な場合には家庭裁判所が定めることとしています（878、家事事件手続法39別表1の84号）。扶養の順序についての協議または審判がされたのちに、この事情が変更したような場合には、家庭裁判所は、その協議または審判の変更や取消をすることができるとされています（880）。

第6章　相続制度について

　相続というのは、ある人が死亡した場合に、その者と一定の親族関係にあった者がその死亡者の有していた財産上の法律関係を当然に承継する制度といってよいでしょう。

　旧法では「家」制度がとられていましたから、その家の長であるところの戸主が死亡した場合（または隠居した場合）における「家」の財産などを新しく戸主となる者が承継するいわゆる家督相続の制度と、戸主ではない家族が死亡した場合における遺産相続の制度があり、前者にあっては、もともと戸主の地位であるところの戸主権と「家」の財産たる家産と祭祀を一人の者が承継し、後者にあっては、すべての者が平等に相続していました（とはいっても、家・屋敷など重要な財産のほとんどは家産とされていましたから、遺産相続自体があまり意味がなかったといえましょう）。

　現在の相続では、その対象とされるものは財産的な法律関係だけでありまして、地位とか身分とかに関係ない純粋の財産が対象とされています。ここで注意しておきたいのは、そこでの財産というのはプラスの財産ばかりでなくマイナスの財産も含まれると言うことです。ですから、被相続人が負担していた債務などというものも相続の対象となるということです。うっかりして債務超過のものを相続すると不利益ばかりこうむってしまうこともあるわけです。

　もっとも、現在の相続法においても、祖先の祭祀を営むに必要な「系譜、祭具および墳墓の所有権」については、「慣習に従って祖先の祭祀を主催すべき者」が単独で相続する（897①）という特殊な規定が設けられていることにも注意を払っておきましょう。要するに、国民感情を無視して全く財産的な色彩にだけ限定するというわけにはいかなかったということでしょう。

1　どうして相続は起こるのか

　相続というものがなぜ生じてくるのかという点については、昔から議論があります。血のつながり、つまり血縁がそうさせるのであるというような立場（相続欠格をどう説明するかに問題があるとされます）、一種の相続的な共同関係というようなことを根拠にしようとする立場（旧制度下の「家」制度の復活につながりかねないという批判があります）などが主張されております。あるいは近代法における意思というものについて重視する立場から、相続というのは被相続人の意思を推測させるものであり、その意味からすれば意思の効果であるとする立場も有力に主張されます。

2　相続人・相続順位・相続分

【事　例】　妻の立場から、夫の財産についての相続権の問題を知りたいと思っています。相続の割合やその他の相続に関係する知識を提供してください。

　一定の者が死亡した場合においては、まず、死亡した者の親族のうちのどの範囲の者が相続人となるのかが気にかかるところでしょう。そこで、相続人について簡単に説明しておきましょう。
　相続人は、まず血縁者からの相続人と配偶者とされ、その組合せによってされることになります。
　人が死亡しますと、その配偶者は常に相続人となります（890、のちにみる相続分は配偶者の場合は常に相続人となりますから、血族関係を有する者とともに相続することとなりまして、この血族相続人がだれかによって相続分も決まってきます。この関係については、相続分の関係なども含めて簡単な図解を示しておきましょう）。これと共同して血族相続人として第一に子

供が（887）、これがない場合には直系尊属が（889①1号）、それもないような場合には兄弟姉妹が相続人となります（同条①2）。相続の割合については、配偶者と子が相続人である場合においては配偶者二分の一、子二分の一ということとなります（900条1号）。もちろん、子供が数人あるような場合には二分の一を子供たちで分けることとなります（同条四号）。これらの子のうちすでに死亡している者があり、この死亡者に子がある場合（被相続人の孫になります）、この子は親に代わって被相続人を相続することができます。これを「代襲相続」といいます（887）。出生前の胎児であっても相続権があることはすでに説明したとおりです（886）。この代襲相続は、孫も死亡しているような場合には曽孫についてまで認められています（887③）。いわゆる再代襲相続がこれです。

相続順位	血族グループ相続人	相続分		相続分	
1	「子」（胎児の場合と代襲相続人を含む）	$\frac{1}{2}$	配偶者	$\frac{1}{2}$	
2	子なき場合の「直系尊属」	$\frac{1}{3}$	配偶者	$\frac{2}{3}$	
3	子も直系尊属もない場合の「兄弟姉妹」	$\frac{1}{4}$	配偶者	$\frac{3}{4}$	
	血族グループ相続人なし		配偶者	1	

　従来は、子が相続人となる場合であっても、その子が非嫡出の子である場合には、嫡出の子の半分の相続権を有するにとどまるものとされておりました。（改正前の900条4号）。しかし、民法のこの規定が憲法の定める法の下の平等規定に反するとの最高裁判所の判決が出され（最決平25・9・4）この判決を機会として嫡出子と嫡出でない子の相続分を平等化する法改正がされることとなり、現在では両者の相続分は平等化されています。

　配偶者と直系尊属が相続人となる場合には、配偶者が三分の二、直系尊属が三分の一となります（900条2号）。直系尊属については親等が近い者（祖父母よりも父母）が先に相続人となり、同順位者が数人（例えば父母）ある場合にはその相続分を均分します。

第6章　相続制度について　265

配偶者と兄弟姉妹が相続する場合には、配偶者が四分の三、兄弟姉妹は四分の一となっています。この場合に兄弟姉妹がすでに死亡しており、これに子（甥や姪にあたる）がある場合には、これにも代襲相続が認められております（889②）。もっとも、昭和55年の相続法の改正によって、兄弟姉妹の場合には孫までの代襲相続（再代襲）は認めないこととされました。

3　配偶者居住権の保護

　配偶者の死亡に伴い相続が開始し、相続財産については遺産分割の手続を経て各相続に人に分割帰属することとなるわけです。しかし、たとえば夫とともに夫の住居に居住していた妻の場合、被相続財産としては居住家屋以外にそれほど多くのものがないというような場合であれば、多くの場合には生存配偶者は、遺産分割によって結局は居住家屋を手放さざるを得なくなり、居住の権利を失うことにもなりかねないことになります。そこで、平成30年改正法においては、被相続人と同居していた配偶者について、①配偶者の長期居住権（1028以下）と、②配偶者の短期居住権（1037以下）の二つの居住権制度を認めることになりました。
　前者は、基本的には原則として生存配偶者が生存している間、無償でということにされております（1030）。これが認められるのは、遺産分割によって配偶者居住権が取得される場合と配偶者居住権が遺贈の対象とされて取得された場合との二つの場合であります（1028①）。それと同時に家庭裁判所が審判によってこれを認める場合とがあります（1029条）。
　短期居住権は遺産分割によって当該建物の所有権が確定した日であるか相続開始の日から6ヶ月が経過する日の早い時点まで無償で当然に取得できるものとされました（1037①1）。

4　寄与分など

　相続人の範囲については今見てきたとおりですが、昭和五十五年の相続法の改正によって、いわゆる寄与分の制度が創設されました。相続人の中にあって、被相続人の事業に関する労務の提供または財産上の給付、被相続人の療養監護その他の方法によって被相続人の財産の維持・増加について「特別の寄与」をした者については、単に相続分だけではなく、これをはみ出した寄与分が与えられることとされました（904条の2）。単なる「寄与」ではなく「特別の寄与」とされているところから、寄与分が認められる場合というのは特別の場合といっていいでしょう。この寄与分で特に注意しておくことは、相続人にのみ認められる可能性がある制度だということが重要です。この相続人による寄与についてでありますが、相続人の中に被相続人の事業に対する労務の提供又は財産上の給付、被相続人の療養看護その他の方法によって相続財産の維持や増加について特別の寄与をした者がある場合にはこれによる相続財産の増加部分あるいは本来ならば減ってしまっているはずのものが減らなくてすんでいる相続財産のその部分を寄与分として当該寄与者に与え、残りの部分を相続財産として相続人全体で分けることになるという制度がこれに該当致します。つまり、このような特別の寄与により残っている財産などは本来の相続財産とはならないものであるのだから相続財産を決めるにあたって、まず現実に残されている財産からこの寄与分を引いた残りを相続財産として分配するということになる仕組みとなります。これについて注意するところは前述したように保護を受けるべき寄与は単純な寄与では足らず、「特別の寄与」でなければならないことと、この寄与分を主張することができるのは相続人に限定されるということです（904条の2①）。これは相続人についてのみ認められる制度でありますが、相続人である子の妻などといった立場の者が寄した場合には、当該寄与は夫（子）の寄与であると認められることになります。

この寄与分制度は、昭和55年の相続法の改正により認められた制度なのですが、この寄与者となり得るのは多く配偶者ということになりますから、実質的には生存配偶者を保護することを考えた制度であるということができるでしょう。

　昭和55年の相続法改正に際して相続人以外の者についての寄与分を認め、相続に際してこの請求を認めてもいいではないかという議論がされましたが、その際にはこの主張は採用されることはありませんでした。ところが平成30年の相続法改正にともない相続人以外の親族についてもこれと同様の制度としての寄与分が認められることとなりました（1050）。すなわち典型的には夫に先立たれ、残された配偶者（生存配偶者）に義理の父（夫の実父）に対する特別の寄与が認められる場合にはその妻については当該義理の父についての相続に際して寄与分の主張が認められることになるといったような場合が典型的であるといえましょう。この場合には夫が生存していれば、先にも述べましたように配偶者である妻の寄与は夫の寄与として評価されることになるというのが従来の寄与分制度についていわれたところでありますが、夫が死亡しているような場合についてはこれがいえないことになりますから今回の相続法の改正によってはじめて相続人以外の親族者について新たな制度によって保護を受けることができることになるわけです。

　なお、寄与分制度の裏返してといってもいいような制度として、特別受益者の相続分についての定めがあります。つまり、例えば、相続人である数人の子のうちの一人が、父（被相続人）が健在のときに、特別高額の婚姻費用や特別の高等教育を受けるための費用を出してもらったとか、重要な不動産の贈与を受けているとかいうように、相続人の一部が特別の財産を得ている場合には、相続財産の計算をするについて、この金額を相続分から差引くこととされています（903）。

　また、相続財産を取得しようとして相続人の一人が被相続人を殺害して刑罰に処せられたような場合に、このような者に被相続人を相続させるわけにはいきません。そこで、このような者については、これを欠格者として相続

人から当然に排除してしまいます（891、「相続欠格」）。また、被相続人に重大な侮辱を加えたり、被相続人を虐待したりしたような者について、被相続人は家庭裁判所の審判による相続人廃除を求めることができ、これによって、やはりこのような者は相続から排除されることとなります（892以下、「相続人廃除」）。

5　相続の効果の遺産分割

【事　例】　相続分についての争いはないのですが、財産についての具体的な配分について争いがあって、相続人間で話がまとまりません。どうすればいいのでしょうか。

　相続というものは被相続の死亡によって当然に発生するものです。しかし、そうかといって被相続人に帰属した個々の財産が個別的に移転しているというのではなく、各相続人に割合的に帰属するという形態となります。つまり、各相続人の共有という形態で帰属することとなります（判例）。ですから、このような状態で相続財産を処分するということになりますと、相続人の全員の同意が必要となります（251）。この状態を解消するためには、相続人の協議によって遺産分割をするか、これができないような場合には家庭裁判所への遺産分割の申立てをすることになります。

　遺産の分割は、共有状態にある遺産を単独所有化するためにされるものであり、相続人の協議が調った場合には協議により、これが不調の場合には審判によってされます。このような遺産の分割は、「遺産に属する物又は権利の種類及び性質、各相続人の年齢、職業、心身の状態及び生活の状況その他一切の状況を考慮してこれをする」（906条）こととされています。ことに遺産が農地であって、これが細分化されては農業を続けられない状態となってしまう場合などは問題です。農家のあとを継ぐ者が単独で農地を継承し、他の相続人に預金や現金などを相続させたりするなども一つの方法であるし、

他に相続財産がないような場合には、農地を単独継承する者が将来にわたって他の共同相続人に現金を払うなどいろいろな方法がありえましょう。現行相続法では均分相続の建前がとられていますから、このような分割方法に納得が得られなければ、最終的には遺産として残された相続財産について現物で分割せざるをえないこととなります。民法906条は、相続分を侵害してまで分割を強行するだけの根拠とはならないことに注意を要します。

　遺産分割の協議や審判がされた場合には、その内容どおりの相続がされたこととなり、その効果は相続開始時点に遡及して生じます。つまり、遺産分割どおりの内容の相続が当初からされていたこととなるわけです（909。これを「遺産分割の遡及効」といいます）。もっとも、この遺産分割の遡及効は第三者の権利を害することができないとされます（909ただし書）。ですから、遺産分割がされる前に遺産に属する不動産について権利を取得した者に対しては、遺産分割の結果として、これと矛盾する結果となったからといって、この権利取得者は遺産分割に優先することとなります。また、例えば、相続開始後に裁判による認知（死後認知）がされた者が出てきたような場合、遺産分割をやり直すことも問題であるし、また、この者に相続人としての権利を行使することができないとしてしまうことにも問題があります。そこで、遺産分割をやり直すことまでは要求されないが、認知を受けた者においては価額による請求をすることができるものとして解決しております（910）。

　遺産分割がされた場合において、目的物に瑕疵があって相続人の間に不公平を生じたとき、これを調整するために瑕疵担保責任の規定が置かれています（911以下）。

　遺産分割の際、だれが相続人であるかは一応は戸籍の記載によって決まってくるわけですが、戸籍の記載のすべてが真実のものと決まっているわけでもありません。真実は相続人でない者が相続人として扱われてしまうことがあるかもしれませんし、真実の相続人が相続から排除されてしまう場合もありましょう。このような場合、真実の相続人は自分が相続人であることを主張して、表見上の相続人に対して相続財産の返還を要求することができます。

これが相続回復請求権です（884）が、この相続回復請求権といえども、無条件で永久に行使できるものではありません。真実の相続人または法定代理人が表見上の相続人が相続していることを知ったときから5年、または相続開始時点から20年に制限され、取引の安全が図られています（884）。問題は、共同相続人の一人が他の共同相続人の相続権を侵害している場合にも884条の規定が適用されるかです。この点については最高裁判所の判決があり、共同相続人が他の共同相続人の権利を侵害している場合にもこの規定の適用はあるけれども、相続権を侵害している者がこれを認識しながら侵害している場合であるとか侵害していることについて過失があるような場合にはこの規定の適用はされないとされています（最判昭53・12・20）。したかって、このような場合には侵害を受けている共同相続人はその権利は有効にかかることはありません。

6　相続の放棄と承認

【事　例】　親の相続に際し、債務が多いようであれば相続したくありませんし、財産が多いようであれば相続したいのですが、どうしたらいいでしょうか。相続の放棄や承認はどのような効果がありましょうか。また、その方法はどうでしょうか。

　相続の開始によって被相続人の財産は、債務を含めて、すべて当然に相続人全員に移転するわけですが、相続人においては、このような状態を無条件で受け入れるか、それとも全面的にこれを拒否するか、あるいは相続財産に積極財産が多くあるような場合にのみ相続を受け入れるかの選択的態度を表明することができます。これが相続の承認、放棄、限定承認です。

(1) 相続の放棄

　相続の放棄は、自分が相続人となる相続が開始したことを知った時点から三ヵ月以内に、家庭裁判所に対して自分は相続をいたしませんという意思を申述することによって行なうものであり、放棄者は、この相続に関する限り相続人として当初から存在していなかったこととされます（939）。この三ヵ月の期間は、自分が相続することとなった相続財産がいったいどのような状態にあるのかを調査して、放棄するか承認するか、あるいは限定承認をするかなどの判断をするための期間といえましょう。その意味で、この期間を「熟慮期間」と呼びます。

　相続放棄の申述をしますと、家庭裁判所は当人を呼び出して、その真偽を確認したりするのが通例のようです。この熟慮期間を経過した場合には単純承認をしたものとみなされ、もはや相続放棄も限定承認もすることができなくなります。

　この相続放棄は、限定承認と違い各相続人が単独ですることができます。そして、前述のように、放棄によって放棄者は当初から相続人ではなかったこととなり、相続の計算において当該相続人はいなかったということで相続分は配分されることとなります（939）。

(2) 限定承認

　相続の効力を承認した上で相続財産の承継はしたいのであるが、債務や遺贈については相続財産の限度でのみ責任を負担するという形態での相続の承認が、限定承認です（922）。要するに、差引計算をしてみて残りがあればいただきましょうという形態での相続であるといっていいでしょう。相続財産のうちで負債のほうが明確に多いような場合であれば、相続放棄を選ぶのが普通の形態ですから、限定承認が効果的な場合というのは、負債と資産との

どちらが多いのかが不明な場合であるといってよいでしょう。もちろん、遺産中の特定の品物についての愛着からその現物を手に入れたいということで承認や限定承認がされる場合もありましょうが、例外的といえます。

　限定承認で問題となるのはその方法ですが、共同相続人がある場合には共同相続人が全員共同して行なう必要があります（923）。そうなりますと、一人の共同相続人が放棄をしてしまった以上は限定承認はできないのかが問題となりそうです。しかし、前述のように放棄者は当初から相続人でなかったこととされるわけですから（939）、残った共同相続人が一致すれば限定承認は可能であるとされます。

　限定承認も相続放棄の場合と同様に、家庭裁判所に対する申述によってすることとなりますが、この際には財産目録を調整して提出することが義務づけられております（924）。

（3）　単純承認

　被相続人が有していた権利・義務の総体をそのまま承継するのが、単純承認です。民法は、単純承認を相続の基本形態と考え、相続人が限定承認も放棄をもしないような場合には単純承認となるとしています（921条2号）。ですから、この単純承認をするには、限定承認や放棄の場合のように家庭裁判所に対する申述などは要らないこととなります。

　次のような場合には相続人は単純承認をしたものとみなされます。これは法定単純承認といいまして、そのような行為は相続人でなくてはできない行為をしたのですから、相続人としての責任を負担させようというわけです。その内容は次のとおりです。①相続人が相続財産全部または一部を処分したとき（保存行為や民法602条に規定する期間を超えない短期の賃貸借を除きます）、②相続人が熟慮期間内に限定承認または放棄をしなかった場合、③いったんは限定承認または放棄をしたあとであっても、相続財産の全部または一部を隠匿し、私にこれを費消したり、故意に目録に入れなかったりした

場合（その結果として、新たに相続人となった者が承認した場合には例外となります）がこれに該当します。

　なお、単純承認の効果は、被相続人が有していた一切の権利・義務関係が相続人に帰属することとなり（もっとも、一身専属権については例外となります）、これが相続人の固有財産となるわけです。

7　遺言とは、どのような制度で、どのように運営されているか

【事　例】　どうして遺言というような制度があるのかよくわかりません。なまじ、このような制度があるために、かえって相続上の争いが多くなってさえいるように思われます。

　遺言とは、遺言者が死亡した際に効力を生ずるものとして、一定の方式を踏んでなされる相手方のない単独行為ということとなります（960以下）。
　生存している者が自分の財産をどう処分しようと、それは本人の勝手であるといっていいでしょう。このような財産の処分権を、自己の死後にまで及ぼすことができるのでしょうか。ここには問題があります。しかし、人は自己の死後のこと、特に自己の家族や近親者が心配なく過ごせるようにしておきたいと考えるのは当然の人情といわなければなりません。遺言は、このようなことから、自己の財産について死後においてもその意思を反映させようとする制度なのです。

8　遺言をすることができる能力

【事　例】　遺言はだれにでもできるものでしょうか。例えば未成年者、成年被後見人などはどうでしょうか。

　遺言とは、いわば遺言者が最終的に意思を表示した相続財産処分の法律行

為であるといえましょう。このような意味を有する遺言については、なるべく、これをしようとする人に広く可能性を与え、これが有効となるように解釈するということが必要となってきます。そこで、民法においては、制限能力者がしたような遺言であっても、通常の法律行為の場合とは異なり、できるだけこれが効力を問題なく発生するようにしてやろうとしています。

　このような観点から、未成年者、成年被後見人、被保佐人、被補助人の行為能力についての第５条、第９条、第13条、第17条の各規定が遺言についてはそのまま適用されることはないとしています（962）。未成年者であっても満十五歳に達していれば単独で遺言をすることができます（961）。しかし、全く意思能力さえないような者については遺言能力を認めることはできません。そこで、成年被後見人の遺言につきましては、遺言のされる際に成年被後見人が本心に復していることを確認するために二人以上の医師がこれに立会って、一定の方式に従って本人が本心に復しており、心神喪失の状態にないことを証明しなければならないこととしています（973）。

　遺言によってすることができる事項は、民法によって指定・限定されています。その内容は次のようなものです。

　遺贈（964）、寄附行為（41②）、認知（781②）、後見人の指定（839）、後見監督人の指定とその委託（848）、遺産分割の指定とその委託（908）、遺産分割の禁止（908）、相続人間の担保責任の指定（914）、遺言執行者の指定とその委託（1006）、遺贈の減殺方法の指定（1034）、推定相続人の廃除とその取消（983、984②）祖先の祭祀主宰者の指定（897）、相続分の指定とその委託（902）、特別受益者の相続分に関する指定（903③）、信託の設定（信託法2）、生命保険の受取人の指定（商法675②）などがあります。

9　遺言はどのような方法でするのか

【事　例】　遺言なんて簡単にすることができると聞いておりますが、同時にやり方をまちがえると遺言が無効となってし

まう場合があると聞いてもおります。死んでしまったあとではやり直せませんから、遺言する際の注意を教えてください。

　遺言は二人以上の者が共同してすることが禁止されております（975）。例えば、一通の遺言書に夫婦が自分が先に死亡したら、全遺産は生存配偶者に遺贈するというような遺言を作成しても、これは共同遺言の禁止に触れますから、無効な遺言となってしまいます（982）。このような遺言をしておいたあとに、一方の配偶者が単独遺言をして、前遺言を取り消す、としたような場合には、もう一方の配偶者はたいへん気の毒なこととなってしまいます。このような問題があるために共同遺言が禁止されているのです。共同遺言の禁止というのがこのような趣旨でありますから、二通の遺言書が同一の封書に入れてあったというようなことでは共同遺言とはなりません。
　遺言には、「普通方式」の遺言と「特別方式」の遺言とがあります。特別方式の遺言とは、死亡の危急状態にある者、船舶遭難者の場合（以上の場合を「危急時遺言」といいます）、伝染病によって隔離されている者、在船者などの場合（以上の場合を「隔絶地遺言」といいます）にされる遺言です。この場合には危急を要するということから、方式などが比較的に緩やかとされております。
　普通方式による遺言には、自筆証書遺言・公正証書遺言・秘密証書遺言があります。この普通方式の遺言が広く活用される類型の遺言です。
　危急時遺言の特色としては、口頭による遺言が認められているという点にあります。隔絶地遺言の場合には、口頭による遺言を認めませんが、その代わり方式が緩やかである点が特色です。
（1）　死亡の危急に迫った者の遺言の場合、証人三人以上の立会が必要とされ、その一人に対して遺言を口授し、その者がこれを筆記し、遺言者および他の証人に読んで聞かせ、各証人がその筆記が正確なことを承認したのち、それぞれ署名・押印して作成します（976①、発言不

能者、聴覚不能者の死亡危篤遺言などの場合については 976 ②、③参照）。署名・押印ができない者がある場合には、その旨を付記します（981）。この遺言は、遺言の日から 20 日以内に家庭裁判所の確認を求めることが必要とされ、これを受けないと遺言は失効します（976 ②）。

(2) 船舶の遭難の場合の危急時遺言も、(1) の場合とほぼ同一の手続によって作成されます。しかし、証人は二人以上で足り、筆記したものを読み聞かせる手続を省略することができます。家庭裁判所の確認を求めるに際しては 20 日以上に確認を求めることが要求されるのではなく、遅滞なくすればいいとされるところが違います（976、979）。

(3) 伝染病によって隔離されている者の場合、警察官一人、証人一人の立会によって遺言書を作成し、遺言者、筆記者、立会人および証人が署名・押印します（977、980）。

(4) 船舶中にある者の場合、船長または事務員一人および証人二人以上の立会で遺言書を作成することとなります。その他については (3) と同様となります。

いずれの場合も、署名・押印できない者がある場合には、その旨を附記します（978、981）。

普通方式の遺言にあっては、自筆証書遺言が最も簡単なものです。基本的には、遺言文の全文、日付、氏名を自署し、これに押印して作成します（968 ①）。ですから、ワープロを使用したり、他人が代筆したような場合には無効な遺言となる可能性があります。然しながら自筆証書遺言の全文を手書きしなければならないというのはなかなか大変です。確かに遺言が書かれたときの精神状態やらそれが本人自身によって書かれたことが疑われる場合などにこれを判断する重要な資料となりますから本人の手書きが要求されるということは意味があります。そこで平成 30 年の相続法改正によって遺言書の本文は自筆での手書きが要求されるが、これに添付するような、たとえば財産目録などというようなものについては手書きが要求されなくなり、印刷されたものなどでもいいということにされました（968 ②）。その意味では

細かな機械的な部分についての手書きの要請がなくなり自筆証書遺言は作成しやすくなったということができます。また、自筆証書遺言の場合には偽造や紛失、隠匿などの不足の事態が起こらないように新たに遺言保管制度が設けられ，法務局がこの任に当たることになったことも特筆すべきことでしょう（遺言書保管法）。日付については遺言がされた時期を明確にするものですから、この記載が確実でないと、その後に、この遺言と矛盾するような遺言が出てきたような場合、どれが最後のものであるかが確定できなくなってしまいますし、遺言がされた時期における遺言能力の有無の確認などのためにも困ったこととなります。

　日付の記載のない遺言は無効とされます。もっとも、日付が特定すればいいのですから、「平成〇〇年〇月〇〇日」といった記載でなく、「第67回の誕生日に」というような記載であっても有効な日付の記載となるのです。昭和47年7月吉日などという記載では日時を特定したことにはならないのでこのような記載による遺言は無効となるとする判例もあります（最判昭54・5・31）。署名・押印（指印で足りるとするのが最近の判例です）は、遺言者の特定のために必要とされます。遺言者を特定するために十分であるならば名のみでも足りますし、通称であってもいいことになります。

　遺言に加除、訂正を加えるためには、遺言者がその訂正の場所について逐一これを指示し、その場所に変更した旨を附記し、署名し、変更の場所に押印することが必要とされます（968②）。実際に遺言を作成する立場からいいますと、加除や訂正を加えると手続が複雑となりますから、いっそのこと全文を書き直すほうが無難といえましょう。

　公正証書による遺言は、内容が確実なものとして残り、自分で遺言を作成しないでいい点が便利です。その要件として二人以上の証人の立会があり、遺言内容を口述し、公証人がこれを筆記し、これを遺言者と証人に読んで聞かせ、遺言者と証人が、その筆記されたものが正確であることを承認し、そのあとに各人が署名・押印することが必要となります。遺言者が署名することができない場合には、公証人がその旨を附記して署名に代えることができ

ます。公証人がその証書は以上の方式によって作成したものである旨を附記し、これに署名・押印をすることによって完成します（969、発言不能者、聴覚不能者の公正証書遺言については969条の2参照）。この公正証書遺言は、二通作成され、そのうちの一通は公証人役場に保存されることとなります。ですから、もう一方が隠されてしまったり、焼けてなくなってしまったり破棄されてしまった場合など（破棄された場合でも遺言は撤回されたこととならないとするのが通説になっています）であっても、公証人役場にもう一通が保管されていますから遺言の効力が維持され、安心できるわけです。またコンピュタシステムによりどこの公証人役場からでも遺言の存在を確認することも可能とされることも便利です。

秘密証書遺言の場合、生存中はその内容を秘密にして、遺言の存在だけを明確にしておくことができるという利点があります。秘密証書遺言の作成は次のような要件によります（970①）。

遺言者が自ら遺言書を作成し、その証書に署名・押印します。遺言者はその証書を封じ、証書に用いた印章を使ってこれを封印します。そこで、遺言者が公証人一人および証人二人以上の前にその封書を提出し、これが自分の遺言である旨とその筆者の氏名および住所を述べ、その上で、公証人が、その証書を提出した日付および遺言書の申述を封書に記載し、遺言者および証人とともにこれに署名・押印することとなります（970、発言不能者、聴覚不能者の秘密証書遺言については972参照）。

遺言が実現されるまでには時間がかかり、この間に遺言が隠匿・破棄されたり、あるいは偽造されたりする可能性もあります。このようなことから自筆証書遺言および秘密証書遺言の保管者は、相続の開始を知ったのち、遅滞なく遺言書を相続開始地の家庭裁判所に提出して検認を請求しなければなりません（1004）。遺言の保管者がいない場合には、遺言を発見した相続人がこの義務を負担します。相続人がこの手続をとらず、遺言書を隠匿したり破棄したりしたような場合には、相続欠格者として相続権を喪失します（891条5号）。

公正証書遺言（969）の場合、前述したように一通が公証人役場に保存され偽造や隠匿などの心配もありませんから、このような手続は要求されません（危急時遺言については裁判所の確認が要求されたりしますから、検認はいりません）。検認というのは、遺言の執行前に、遺言書の客観的状態について調査確認しておく手続といえましょう。形式的な検認手続ないし証拠保全的手続にすぎませんから、これによって遺言書の有効性や内容の真否が確認されたりするものではありません（検認手続を経た遺言書であっても、その有効性を争うこともできるし、反対にこの手続がされていないから遺言が無効となるものではありません）。

なお、秘密証書遺言としての要件を満たしてしないような場合であっても、それが自筆証書遺言の要件を満たしていれば、秘密証書遺言として無効であるとしても自筆証書遺言として有効となる可能性があります（791、これを「無効行為の転換」といいます）。また、遺言の加除や訂正の方法については、自筆証書遺言の場合と同様の制約があります（970②、982）。

10　一度した遺言をとりやめることができないか

【事　例】　同居している長男夫婦からせがまれて、財産のほとんどを長男に相続させるような遺言を書きました。それも公正証書遺言という形をとりました。ところが、遺言書が作成されるや、嫁も長男も私のことを急に粗末に扱うようになりました。一度してしまうと遺言を取り消すことができないものなのでしょうか。

一度は遺言をしてしまったものの、その内容などを変更をしたくなった場合、従来の遺言を撤回するということは可能であろうか。遺言というのは死亡者の最終的な意思の尊重する制度なのですから、一度してしまっても、いつでも別の遺言をすることもできるし、これをやめにすることもできるもの

なのです。それにはいろいろの方法があります。従来の遺言書を破棄してしまうのも一方法です（1024）。しかし、公正証書遺言の場合は、手もとの遺言書を破棄してみても、公証人役場には他の一通が残されておりますから、これによって遺言を無効とすることはできません。

　一般的なやめ方としては、現在されている遺言はそのままとしておいてもいいですから、これを取り消すという趣旨の新しい遺言を作っておくか、あるいは前遺言の内容と矛盾するような遺言を作成しておく方法もあります。これによって前の遺言はあとの遺言に抵触する限度において効力を喪失するわけです（1023①）。このような方法によれば設例に問題とされている公正証書遺言を自筆証書遺言によって取りやめることも可能です。その他にも、遺言者が、遺言をしたあとに、その内容と矛盾する生前処分その他の法律行為をした場合（1023②）、あるいは遺言者が故意に遺贈の目的物を破棄したような場合にも遺言は撤回されます（1024）。また、第二の遺言で第一の遺言をとりやめるという旨の記述をするだけでもこと足りることになります。しかしながら、注意を要するのは、第一遺言を撤回する旨の第二遺言をさらに撤回する旨の遺言をしても、第一遺言が復活することとはならないという点です。

　遺言について次に大雑把な整理をしておくこととしましょう。

	書く人	証人	署名・押印	日付	家庭裁判所の検認	特色
自筆証書	本人	要らない	本人	年月日を書く	必要	方式は簡単にできる。保管が難しく。法務局による遺言書保管制度がある。
公正証書	公証人	二人以上立会	本人・証人・公証人	公証人が作成日付を書く	不要	保管は完全。秘密を守りにくい
秘密証書	だれでもよい本人封印	公証人一人、証人二人以上に提出	本人・証人・公証人	公証人が提出日付を書く	必要	秘密の保持は完全だが内容に注意が要る
危急時遺言（特別方式）	証人の一人が口述筆記	三人以上	証人	証人が書く	二十日以内に家裁に確認請求する	死亡が迫ったようなときの臨機の措置

索　引

あ　行

相手方選択の自由　103
悪意の第三者　65
新しい類型の借家権　149
顕名主義　110
有体物　56
遺産分割　269, 270
遺産分割の遡及効　270
一部露出説　32
一物一権主義　62
一般定期借地権　147
違法性阻却事由　172
違法な利益侵害　172
違約手付　141
姻族　222
姻族関係　231, 232
受取証書　214, 215
受取証書の持参人に対する弁済　216
宇奈月温泉事件　27
売渡担保　207
縁組意思　253, 254
養親子関係　247
乙類審判事件　229

か　行

解約手付　141
火災保険　202
過失　160, 161
過失責任　174
過失責任の原則　25, 161
過失相殺　169
家庭裁判所　229
仮登記　81
仮登記の順位保全効　82
簡易の引き渡し　85
監事　42
慣習法　20
完成猶予　97
間接強制　190, 191
監督義務者責任　182
監督義務者の責任　181
危険責任　176
危険責任の原則　184
期限付建物賃貸借　149
危難失踪　35
客観的表示行為　123
狭義の無権代理　115
協議離婚　240
強制履行　189
共同不法行為　185

強迫による意思表示　125
強迫による契約　130
寄与分　267
緊急避難　173
近親婚　236
金銭賠償　167
具体的過失　161
具体的軽過失　163
刑法と民法　21
刑法の一般予防の効力　21
刑法の特別予防の効力　21
契約解除と第三者　135
契約解除の効果　134
契約自由の原則　25, 26, 103
契約の解除　132, 157
契約の自由とその変容　104
契約の成立　107
ゲゼルシャフト　220
結果回避義務　161
結果責任主義　174
結果予見義務違反　161
ゲマインシャフト　220
原因責任　176
検索の抗弁　205
現実的履行の強制　157, 188
現実の引き渡し　85
原状回復主義　168
限定承認　271, 272
現に利益が残っている　36
現に利益が残っている限度　35, 49

権利証　68
権利侵害　171
権利能力　24, 30
権利能力の終期　34
権利能力平等の原則　24, 31
権利の濫用　27
権利部　67
故意　160, 161
合意解除　133
合意に相当する審判　230
行為能力　30, 45
講義　5
工作物責任　184
公序良俗　117
更新　97
公正証書遺言　276, 279, 281
甲類審判事件　229
公的生活関係　18
公的扶養　258
公法人　40
個人主義民法　24
個人の尊厳の尊重　26
戸籍　224
婚　　姻　235
婚姻意思　237
婚姻適齢　235
婚姻届　235

284　索引

さ 行

罪刑法定主義　21
債権者代位権　193, 194, 195
債権者代位権の転用形態　194
債権者取消権　193, 195
債権者らしい外観を有している者　215
債権証書　214
債権の時効期間　96
催告の抗弁　205
再婚禁止期間　236
財産上の損害　166
財産的法律関係　18
催促の抗弁　205
財団　40
債務者の責に帰すべき事由　160
債務不復行による解除　159
債務不履行による損害賠償　156
詐害の意思　196
詐欺による意思表示　125
詐欺による契約　127
錯誤　119, 123
指図による占有移転　86
三代戸籍の禁止　225
氏　225
敷金　152
事業用借地権　147
時効完成後に債務の承認書　97
時効制度　90

時効制度の存在理由　91
時効の援用　96
時効の遡及効　96
自己責任の原則　174
死後認知　270
自己の財産におけると同一の注意義務
　　　163
自己のためにするのと同一の注意義務
　　　165
死後離縁　256
地震売買　150
自然血族　231
自然血族関係　231
自然人　30
質権　198
実親子関係　247, 248
失火責任法　174
実質的審査権　80
失踪宣告　34
失踪宣告と再婚　36
失踪宣告の取消　35, 37
嫉妬建築事件　28
私的自治の拡張の機能　110
私的自治の補充の機能　109
私的生活関係　18
私的扶養　258
私的法律関係　18
自筆証書遺言　276, 277
私法人　40
資本家階級　26

社員総会　42
社会的に相当な行為　172
借地権と更新　146
借地権の期間　145
借家権の対抗力　150
借用証書　214
社団　40
重過失　163
重婚　235
従物　58
住民基本台帳　228
取得時効　90
取得時効制度　92
主物　58
使用者　182
使用者責任　182, 183
譲渡担保　207, 208
消滅時効　93
証約手付　141
条理　20
除籍　228
所有権絶対の原則　24
所有権の絶対の原則と権利の濫用　26
信義誠実の原則　166
親権者指定の審判　252
親族　222, 233
親族関係　231
人的担保制度　197
審判離婚　243, 244
心裡留保　120

推定　39
推定の及ばない子　250
推定を受けない嫡出子　249, 250
推定を受ける嫡出子　250
随伴性　203
生活扶助の義務　259
生活扶助の義務としての扶養　260
生活保持の義務　259
生活保持の義務としての扶養　260
制限行為能力者　46, 48
清算法人　45
精神病離婚　242
正当な業務行為　172
正当防衛　172
成年被後見人　49
責任能力　178
責任無能力者　180
責任無能力者を監督する者の責任　180
善管注意義務　163, 164
全部露出説　31
占有改定　85
相殺　209
相殺適状　210
相殺の効果　210
相殺の要件　210
造作買取り請求権　151
相続欠格　269
相続順位　264
相続制度　263
相続人　264

相続人廃除　269
相続の承認　271
相続の放棄　272
相続分　264
双務契約　59, 105
即時取得制度　87
訴訟法　23
損益相殺　169
損害　166, 173
損害賠償額の予定　168
損害賠償請求権の時効　179
損害賠償の範囲　168

た　行

対抗案件　62
代襲相続　265
第三者の詐欺　129
第三者の範囲　65
胎児　33
胎児の権利能力　32
代替執行　190, 191
代諾縁組　254
代理　108
代理権授与の表示による表見代理　114
代理権限外行為による表見代理　114
代理権消滅後の表見代理　115
代理権の濫用　111
代理人による契約　108
建物　61

建物買取請求権　147
建物譲渡特約付借地権　147
単純承認　273
単純保証　206
男女の本質的平等　26
遅延賠償　157
嫡出子　247, 248
嫡出でない子　247, 251
嫡出否認の訴　250
抽象的過失　161
抽象的軽過失　163
調停調書　243
調停に代わる審判　244
調停前置主義　230, 243
調停離婚　243
直接強制　189, 190
直系　222
賃借権の対抗要件　145
賃貸借　144
賃貸借期間　145
通常生ずべき損害　167
通謀虚偽表示　119, 120
通謀虚偽表示規定（94②）の類推適用
　　　　122
定期行為を目的とする契約　134
定期借地権　147
定型約款　104, 137
定型約款の変更　139
締結の自由　103
抵当権　199, 200

手付　141
手付損、手付倍返し　141
填補賠償　157
登記識別情報　69, 80
登記請求権の履行を確保　194
登記制度　61
動機の錯誤　124
登記簿　57
動産　56
同時死亡の推定　38
同時存在の原則　38
同時履行の抗弁　215
同時履行の抗弁権　59
盗品と遺失物の例外　89
動物の占有者の責任　185
特殊の不法行為　180
特別受益者の相続分　268
特別審判事件　230
特別の寄与　267
特別法　19
「特別方式」の遺言　276
特別法は一般法に優先する　22
特別養子制度　256
土地　61
土地工作物の瑕疵に対する責任　183
取壊し予定建物賃貸借　149

な　行

内縁　237

内心的効果意思　123
内容の錯誤　124
内容の自由　103
日常生活行為と制限行為能力者　52
任意代理　110
認知　252
根抵当権　203
ノート　5

は　行

配偶関係　231, 232
配偶者居住権　266
配偶者の短期居住権　266
配偶者の長期居住権　266
背信的悪意者　66
売買契約　140
売買契約の効果　142
売買は賃貸借を破る　150
破綻主義　242
判決離婚　240
判例法　20
引き渡　85
非財産的な損害　166
非占有移転担保　200
非典型担保契約　208
被保佐人　50
被補助人　51
秘密証書遺言　276, 279, 280
表見代理制度　112, 113

表示意思　123
表示上の錯誤　124
被用者　182
表題部　67
夫婦別産制　245
不可分性　201
不完全履行　158, 160
普通失踪　34
普通取引約款　137
普通方式による遺言　276
「普通方式」の遺言　276
普通養子制度　253
物上代位性　202
物的担保制度　197, 204
物的編制主義　67
不動産　56
不動産賃借権　144
不動産取引　61
不法行為による損害賠償請求権　179
扶養　258
扶養義務　260
分別の利益　207
弁済　214
片務契約　105
放棄　271
傍系　222
方式の自由　104
報償責任　176
法人　31
法人の権利能力　43

法人の行為能力　43
法人の消滅　44
法人の不法行為能力　44
法定解除　133
法定血族　232
法定血族関係　231, 236
法定代理　110
法の下の平等　26
保証　204
保証の随伴性　205
本籍　224

ま　行

未成年者　46
身分から契約へ　25
身分的法律関係　18
身元保証　211
民事執行法　23
民事訴訟法　23
民事特別法　20
民事法定利率　170
民法　18
民法と商法　22
民法の法源　19
無過失責任　174, 177
無権代理　112
無権代理行為の追認　115
無効行為の転換　280
無償契約　105

物　56

や　行

約定解除　133
遺言　274
遺言能力　275
有償契約　105
有責主義　241
預金者保護法　216
預金者保護法の制定　216

ら　行

離縁制度　255

履行遅滞　158
履行の着手　141
履行不能　158, 159
離婚原因　241
離婚制度　239
離婚の効果　244
離婚の種類　239
理事　42
流質　198
留置的機能　200
連帯保証　204, 206
労働者階級　26
六法　4

［著者略歴］

山川　一陽（やまかわ・かずひろ）
1968年　日本大学法学部卒業
　　　　東京地方検察庁検事、広島地方検察庁検事、法務省民事局付検事などを経て
現　在　日本大学名誉教授・博士（法学）
専　攻　民法
主　著　「仮登記担保と実務」（金融財政研究会）
　　　　「民法コンメンタール〔相続2〕」（きょうせい）
　　　　「民法総則講義（第6版）」（中央経済社）
　　　　「物権法講義（第3版）」（日本評論社）
　　　　「担保物権法（第3版）」（弘文堂）
　　　　「親族法・相続法講義（第6版）」
　　　　その他

堀野　裕子（ほりの・ひろこ）
1994年　日本大学大学院法学研究科博士前期課程修了
2007年　公認会計士試験合格
現　在　日本大学・神田外語大学・税務大学校　各講師
専　攻　民商法
共　著　『説明義務の理論と実際』（新日本法規出版株式会社）
　　　　『相続法改正のポイントと実務への影響』（日本加除出版株式会社）
　　　　その他

　　　　　　　　　民法のはなし

　　　　　　　　　　　　著者　山川一陽
　　　　　　　　　　　　　　　堀野裕子

　　　　　　　　　　2019年3月31日

・発行者──石井　彰　　　　　　・発行所
印刷・製本／モリモト印刷
株式会社
ⓒ 2019 by Kazuhiro Yamakawa
　　　　　Hiroko Horino
（定価＝本体価格 3,200 円＋税）
ISBN978-4-87791-297-0 C1032 Printed in Japan

KOKUSAI SHOIN Co., Ltd.
3-32-6, HONGO, BUNKYO-KU, TOKYO, JAPAN.
株式会社
国際書院
〒113-0033 東京都文京区本郷 3-32-6-1001
TEL 03-5684-5803　　FAX 03-5684-2610
Eメール：kokusai@aa.bcom.ne.jp
http://www.kokusai-shoin.co.jp

本書の内容の一部あるいは全部を無断で複写複製（コピー）することは法律でみとめられた場合を除き、著作者および出版社の権利の侵害となりますので、その場合にはあらかじめ小社あて許諾を求めてください。

| 国際社会 | | 国際史 |

田巻松雄
フィリピンの権威主義体制と民主化
906319-39-4　C1036　　　　　　A5判　303頁　3,689円

[国際社会学叢書・アジア編⑦] 第三世界における、80年代の民主化を促進した条件と意味を解明することは第三世界の政治・社会変動論にとって大きな課題である。本書ではフィリピンを事例として考察する。　(1993.10)

中野裕二
フランス国家とマイノリティ
——共生の「共和制モデル」
906319-72-6　C1036　　　　　　A5判　223頁　2,718円

[国際社会学叢書・ヨーロッパ編①] コルシカをはじめとした地域問題、ユダヤ共同体、移民問題など、「国家」に基づく共存の衝突を描く。共和制国家フランスが、冷戦崩壊後の今日、その理念型が問われている。　(1996.12)

畑山敏夫
フランス極右の新展開
——ナショナル・ポピュリズムと新右翼
906319-74-2　C1036　　　　　　A5判　251頁　3,200円

[国際社会学叢書・ヨーロッパ編②] 1980年代のフランスでの極右台頭の原因と意味を検証。フランス極右の思想的・運動的な全体像を明らかにして、その現象がフランスの政治的思想的価値原理への挑戦であることを明らかにする。　(1997.6)

髙橋秀寿
再帰化する近代——ドイツ現代史試論
——市民社会・家族・階級・ネイション
906319-70-X　C1036　　　　　　A5判　289頁　3,200円

[国際社会学叢書・ヨーロッパ編③] ドイツ現代社会の歴史的な位置づけを追究する。「緑の現象」、「極右現象」を市民社会、家族、階級、ネイションの四つの領域から分析し、新種の政党・運動を生じさせた社会変動の特性を明らかにする。　(1997.7)

石井由香
エスニック関係と人の国際移動
——現代マレーシアの華人の選択
906319-79-3　C1036　　　　　　A5判　251頁　2,800円

[国際社会学叢書・ヨーロッパ編・別巻①] 一定の成果を上げているマレーシアの新経済政策(ブミプトラ政策)の実践課程を、エスニック集団間関係・「人の移動」・国際環境の視点から考察する。　(1999.2)

太田晴雄
ニューカマーの子どもと日本の学校
87791-099-9　C3036　　　　　　A5判　275頁　3,200円

[国際社会学叢書・ヨーロッパ編・別巻②] 外国生まれ、外国育ちの「ニューカマー」の子供たちの自治体における対応策、小・中学校における事例研究を通して教育実態を明らかにしつつ、国際理解教育における諸課題を検討し、多文化教育の可能性を探る。　(2000.4)

藤本幸二
ドイツ刑事法の啓蒙主義的改革とPoena Extraordinaria
87791-154-5　C3032　　　　　　A5判　197頁　4,200円

[21世紀国際史学術叢書①] Poena Extraordinariaと呼ばれる刑事法上の概念が刑事法の啓蒙主義的改革において果たした役割と意義について、カルプツォフの刑事法理論を取り上げつつ、仮説を提示し刑事法近代化前夜に光りを当てる。　(2006.3)

遠藤泰弘
オットー・フォン・ギールケの政治思想
——第二帝政期ドイツ政治思想史研究序説
87791-172-0　C3031　　　　　　A5判　267頁　5,400円

[21世紀国際史学術叢書②] 19ないし20世紀初頭の多元的国家論の源流となったギールケの団体思想、政治思想の解明をとおして、現代国際政治・国内政治において動揺する政治システムに一石を投ずる。　(2007.12)

権　容奭

岸政権期の「アジア外交」
―「対米自主」と「アジア主義」の逆説

87791-186-7　C3031　　　　A5判　305頁　5,400円

[21世紀国際史学術叢書③] 東南アジア歴訪、日印提携、日中関係、レバノン危機とアラブ・アフリカ外交そして訪欧、在日朝鮮人の「北送」など岸政権の軌跡の政治的深奥を見極めつつ日本の「アジアとの真の和解」を模索する。　(2008.11)

矢崎光圀／野口寛／佐藤節子編

転換期世界と法
―法哲学・社会哲学国際学会連合会第13回世界会議

906319-01-7　C3001　　　　A5判　267頁　3,500円

転換期世界における法の現代的使命を「高度技術社会における法と倫理」、「新たな法思想に向けて」を柱にして論じ、今日の「法、文化、科学、技術―異文化間の相互理解」を求める。本書は世界、法と正義、文化の深淵を示唆する。　(1989.3)

坂本百大／長尾龍一編

正義と無秩序

906319-12-2　C3032　　　　A5判　207頁　3,200円

自由から法に至る秩序形成過程を跡づけながら、正義という社会秩序の理念と社会解体への衝動との緊張関係という、社会秩序に内在する基本的ジレンマを追究する。いわば現代法哲学の諸問題の根源を今日、改めて本書は考える。　(1990.3)

水林　彪編著

東アジア法研究の現状と将来
―伝統的法文化と近代法の継受

87791-201-7　C3032　　　　A5判　287頁　4,800円

日中韓における西欧法継受の歴史研究および法の現状ならびに東アジア共通法の基盤形成に向けての提言を通して「東アジア共通法」を遠望しつつ、「東アジアにおける法の継受と創造」の研究、教育が本書のテーマである。　(2009.11)

後藤　昭編

東アジアにおける市民の刑事司法参加

87791-215-4　C3032　　　　A5判　271頁　4,200円

日・中・韓における「市民の刑事司法参加」を論じた本書は、①制度の生成、②機能、③政治哲学、④法文化としての刑事司法、といった側面から光を当て、各国の違いと共通項を見出し、制度の今後の充実を促す。　(2011.2.)

高橋滋／只野雅人編

東アジアにおける公法の過去、現在、そして未来

87791-226-0　C3032　　　　A5判　357頁　3,400円

グローバル化の世界的潮流のなかで、東アジア諸国における法制度の改革、整備作業の急速な進展を受けて、①西洋法の継受の過程、②戦後の経済発展のなかでの制度整備、③将来の公法学のあり方を模索する。　(2012.3.)

王　雲海

賄賂はなぜ中国で死罪なのか

87791-241-3　C1032　￥2000E　　A5判　157頁　2,000円

賄賂に関する「罪と罰」を科す中国、日本、アメリカの対応を通して、それぞれの国家・社会の本質を追究する筆致は迫力がある。それは「権力社会」であり、「文化社会」あるいは、「法律社会」と筆者は規定する。　(2013.1)

加藤哲実

宗教的心性と法
―イングランド中世の農村と歳市

87791-242-0　C3032　￥5600E　　A5判　357頁　5,600円

法の発生史をたどるとき、法規範の発生そのものに宗教的心性がかかわっていた可能性を思い描きながら、イングランド中世の農村および市場町の慣習と法を通しての共同体および宗教的心性を探る。　(2013.2)

菊池肇哉

英米法「約因論」と大陸法
――「カウサ理論」の歴史的交錯

87791-244-4　C3032　¥5200E　　A5判　261頁　5,200円

17世紀初頭に成立した英米法の「約因論」と17世紀以降成立した大陸法の「カウサ理論」における「歴史的比較法」の試みを通して、両者が深い部分で複雑に絡み合っている姿を学問的な「見通し」をもって追究した。　　　　　　　　(2013.3)

小野博司・出口雄一・松本尚子編

戦時体制と法学者
1931～1952

87791-272-7　C3032　¥5600E　　A5判　415頁　5,600円

公法・私法・刑法・経済法・社会法、それぞれの学問分野を可能な限り取り上げ、戦時日本における「法治主義の解体」の実相に迫り、21世紀の法および法学研究の羅針盤の発見を見通す作業の書である。　　　　　　　　　　　　　　　(2016.3)

出雲　孝

ボワソナードと近世自然法論における所有権論:
所有者が二重売りをした場合に関するグロチウス、プーフェンドルフ、トマジウスおよびヴォルフの学説史

87791-277-2　C3032　¥6400E　　A5判　6,400円

国際法の側面、立法の基礎理論の提供、かつ「世界道徳」を内在させる自然法に関し、啓蒙期自然法論とボワソナードの法思想が異なるという通説を近世自然法論における二重売りの問題を通して検証する。　　　　　　　　　　　　　(2016.9)

東　史彦

イタリア憲法の基本権保障に対するEU法の影響

87791-278-9　C3032　¥4600E　　A5判　323頁　4,600円

古代ローマから現代に至る長く豊かな法文化の伝統を持っているイタリアにおける憲法とEU法、国際条約、欧州人権条約法との関係をそれぞれ時系列に沿って追い基本権保障の視点から総合的に考察した。　　　　　　　　　　　　　　(2016.11)

小野田昌彦

法の条件
――法学新講

906319-43-2　C1032　　　　　　　A5判　319頁　3,107円

近代市民法の思想的背景から説き起こし、20世紀における法の実態を鮮明にしながら、我が国の現行法制度の構造を浮き彫りにする。法現象の理論的淵源を論理的に追究する思考訓練の方法も示され、各種の国家試験にも有益である。　(1993.12)

山川一陽

新民法のはなし

87791-228-4　C1032　　　　　　　A5判　317頁　3,200円

初めて民法を学ぶ人のための入門書。民法が日常生活においてどのように運用され、どのような機能を発揮しているのか。事例を示しながら話しことばで書かれた民法全体を解説する「民法の本」である。　　　　　　　　　　　　　　　(2012.3)

山川一陽編著

法学入門

906319-49-1　C1032　　　　　　　A5判　361頁　3,689円

法の歴史を述べ、日本法の「法の十字路」としての性格を明らかにする。各種の基本法の必須事項を示した上で、実際の裁判がどのように行われるかを解説する。保健関係法を扱った「社会法」、国際私法についても説明が行われる。　(1994.5)

稲田俊信

商法総制・商行為法講義

906319-61-0　C3032　　　　　　　A5判　195頁　2,200円

基本的事項を分かり易く説明し、どのような法的考え方が現代社会にとって有効か、また将来への先導制を有するものであるか、過去はどうであったかを考える。本書は「制度の維持」より「利用者の権利」を中心に叙述されている。　(1995.5)

山村忠平

監査役制度の生成と発展

906319-73-4　C3032　　　　　　　四六判　185頁　2,600円

監査役制度の制度的展開の基礎事情を説明する。監査役制度を商法の枠組みから論述し、背景の社会的要請をも検討し、併せてその延長線上に展望される監査役制度の発展の方向を示唆する。今日見直される監査役制度の新しい理論書。(1997.3)

法

山内　進編
混沌のなかの所有
87791-101-4　C3032　　　A5判　283頁　3,800円

[法文化（歴史・比較・情報）叢書①] 地域や集団の歴史的過去や文化構造を含む概念としての法文化における対立と交流を総合的に考察する。本書は「自己所有権」に基づく近代所有権思想に21世紀的問い掛けをする。　　　(2000.10)

加藤哲実編
市場の法文化
87791-117-0　C3032　　　A5判　281頁　3,800円

[法文化（歴史・比較・情報）叢書②] 市場あるいは交換や取引の背後にある法文化的背景、法文化的意味を探る本書は、地理的・歴史的な角度から、市場経済、市場社会などの概念が持つ深層の意味理解に向けて果敢な挑戦を試みた。　　　(2002.2)

森　征一編
法文化としての租税
87791-143-×　C3032　　　A5判　229頁　3,200円

[法文化（歴史・比較・情報）叢書③] 租税を法文化として捉え直し、租税の歴史の深層に入り込むことによって問題の根源を浮上させ、21世紀の租税の姿を描くべく法学としての租税の新しい地平を開拓する。　　　(2005.3)

森田成満編
法と身体
87791-149-9　C3032　　　A5判　223頁　3,600円

[法文化（歴史・比較・情報）叢書④] 生物進化と法、イスラム法での身体と内面、自己・所有・身体、王の身体・法の身体、犯罪人類学と人種、身体刑と生命刑の連続性と非連続性、清代の医療提供の仕組みなどを論ず。　　　(2005.9)

津野義堂
コンセンサスの法理
87791-149-2　C3032　　　A5判　239頁　3,600円

[法文化（歴史・比較・情報）叢書⑤] 本書は、キケロー・古典期ローマ法・イギリス契約法・無名契約・引渡しの正当原因・典雅法学・ヘーゲルの契約論・婚姻・所有権におけるコンセンサスの意味を明らかにする。　　　(2007.5)

林　康史編
ネゴシエイション
―交渉の法文化
87791-190-4　C3032　　　A5判　247頁　3,600円

[法文化（歴史・比較・情報）叢書⑥] 法の実効性を支える法意識・コンセンサスをネゴシエイション・交渉の法文化の視点から捉え直す作業は、法意識・コンセンサスが情報の影響を受けやすいことから情報化時代における意義は大きい。　　　(2009.6)

佐々木有司編
法の担い手たち
87791-192-8　C3032　　　A5判　313頁　3,800円

[法文化（歴史・比較・情報）叢書⑦] 法の形成・運用に携わり、これを担う人たちを法文化現象として捉える本書では、地域的・時代的に種々の法文化における多彩な「法の担い手たち」を取り上げ、論じている。　　　(2009.5)

王雲海編
名誉の原理
―歴史的国際的視点から
87791-207-9　C3032　　　A5判　269頁　3,600円

[法文化（歴史・比較・情報）叢書⑧] 「名誉と不名誉の法的原理」の追究を通して、その裏に潜在している「文化的原理」および世界各地の「精神」を明らかにし、よりよく共存する世界の方途を思想する。　　　(2010.5)

眞田芳憲編
生と死の法文化
87791-208-6　C3032　　　A5判　255頁　3,400円

[法文化（歴史・比較・情報）叢書⑨] 「いのちの尊厳」をめぐり法文化論的探求をおこなう。いのちをめぐる、歴史の中の、医療技術・いのちの尊厳、家族崩壊の中での、それぞれの「生と死の法文化」を追究する。　　　(2010.6)

屋敷二郎編

夫婦

87791-234-5　C3032　　　　A5判　333頁　3,600円

[法文化（歴史・比較・情報）叢書⑩] 変容する社会、国家を背景に見据えつつ、「夫婦」の法文化を法哲学・法制史学・比較法学・法実務などの多元的な学際的アプローチによって意欲的に探究する。　　　　　　　　　　　　　　　（2012.8）

堅田　剛編

加害／被害

87791-247-5　C3032　¥3600E　A5判　215頁　3,600円

[法文化（歴史・比較・情報）叢書⑪] テーマの「加害／被害」の関係がなぜスラッシュなのか。公害事件など関係の逆転現象さえあるように見える事態がある。いま法的な責任の所在について足場を固める必要性を説く　　　　　　　　　（2013.5）

小柳春一郎編

災害と法

87791-262-8　C3032　　　　A5判　223頁　3,600円

[法文化（歴史・比較・情報）叢書⑫] 災害対応に当たって公的制度のみならず、歴史における災害、災害と民事法、災害と司法制度、国際的文脈での災害などさまざまな角度からの法的研究である。　　　　　　　　　　　　　　　（2014.11）

林　康史編

貨幣と通貨の法文化

87791-275-8　C3032　　　　A5判　　　　3,600円

[法文化（歴史・比較・情報）叢書⑬] 現代における貨幣制度は経済におけるグローバル化がすすみ、国家とコミュニティーの関係が貨幣制度を介して再考される。本書では貨幣と通貨の構造を理論面、制度面から解明しようとする。　（2016.9）

岩谷十郎編

再帰する法文化

87791-279-6　C3032　　　　A5判　215頁　3,600円

[法文化（歴史・比較・情報）叢書⑭] 古来より地域・国境を超えてきた普遍としての法、国家・社会の固有としての法。双方の対立・親和を通して紡いできた法のアイデンティティの今日的「再帰性」を追究した。　　　　　　　　　（2016.12）

中野雅紀編

身分：法における垂直関係と、水平関係

87791-285-7　C3032　　　　A5判　197頁　3,600円

[法文化（歴史・比較・情報）叢書⑮]「身分」をいま法学において問い直すことは重要である。民法における「親族・相続」、刑法の「身分犯」、憲法における「国家」と「社会」の分離の問題など課題は多い。　　　　　　　　　　（2017.12）

高塩　博編

刑罰をめぐる法文化

87791-293-2　C3032　¥3600E　A5判　263頁　3,600円

[法文化（歴史・比較・情報）叢書⑯] 監獄改良論における思想的基盤、清朝時代の裁判と刑罰、近世・近代刑事法改革での量刑論・罪刑均衡論、刑罰文化を踏まえたスウェーデンにおける刑法理論など刑罰をめぐる法文化をみる。　（2018.10）

大学セミナー・ハウス編

大学は変わる
―大学教員懇談会15年の軌跡

906319-07-6　C3037　　　　四六判　324頁　2,718円

大学と大学観の変貌を分析し、様々な課題に関する議論を通して新しい大学教育像を模索する。大学改革、一般教育、大学間交流、大学の国際化などを、高等教育関係の法規、省令、臨教審報告等を参照しながら論ずる。　　　（1989.7）